AU SUFFRAGE UNIVERSEL :

CONTRE-FUSION! RÉFORME!

EMPIRE ET REVANCHE!

MARCUS ALLART

Dieu donne à ma voix la trompette
Qui doit réveiller du trépas;
Pour qu'au monde entier, je répète:
L'HONNEUR EST LA-BAS !

BÉRANGER.

PARIS

LIBRAIRIE GÉNÉRALE

DÉPOT CENTRAL DES ÉDITEURS

72, BOULEVARD HAUSSMANN ET RUE DU HAVRE

1873

AU SUFFRAGE UNIVERSEL :

CONTRE-FUSION ! RÉFORME !

EMPIRE ET REVANCHE !

Clichy. — Imprimerie Paul Dupont, 12, rue du Bac-d'Asnières

AU SUFFRAGE UNIVERSEL :

CONTRE-FUSION! RÉFORME!

EMPIRE ET REVANCHE !

MARCUS ALLART

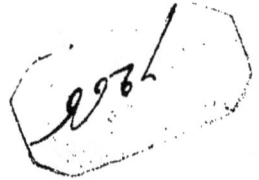

PARIS

LIBRAIRIE GÉNÉRALE

DÉPOT CENTRAL DES ÉDITEURS

72, BOULEVARD HAUSSMANN ET RUE DU HAVRE

1873

Dieu donne à ma voix la trompette
Qui doit réveiller du trépas,
Pour qu'au monde entier je répète :
L'honneur est là-bas!

Béranger.

AU SUFFRAGE UNIVERSEL :

CONTRE-FUSION! RÉFORME!

EMPIRE ET REVANCHE!

AVANT-PROPOS.

Aujourd'hui que l'ennemi nous a enfin laissé *ce qui nous reste* de la France de nos pères, aujourd'hui que la *marée noire* a laissé libres, sinon pures, les verdoyantes et fertiles plaines de la patrie, je veux encore essayer d'avertir mon pays, et je m'adresse à la seule force restée debout : AU SUFFRAGE UNIVERSEL !

La France a payé sa rançon! La France est rentrée en pleine possession d'elle-même. Aussi on peut aujourd'hui lui parler sans nul souci et sans nulle crainte d'aviver ses malheurs, si petit et si faible que l'on soit. C'est *à elle seule à voir désormais* comment elle voudra conduire sa politique dans l'avenir, et à savoir tirer des événements toutes les leçons qu'ils comportent.

Si nous sommes encore des hommes, nous devons laisser passer ce jour sans montrer aucune joie. L'ennemi se retire gavé d'or, après nous avoir vaincus ; après nous avoir naguère repris nos frontières du Rhin, il vient de nous reprendre l'Alsace et la Lorraine ! ! Quel cœur *d'homme et de*

1

Français pourrait donc se réjouir en ce jour? Laissons cette ignoble joie aux honteux partis du passé : aux parlementaires, aux doctrinaires, aux républicains de *l'union libérale*, qui vont sans doute affecter de dire et de croire que tout est fini désormais avec... L'ENNEMI HÉRÉDITAIRE ! A eux la joie infâme, à tous ces lâches qui nous ont rendus. A nous l'espérance, sombre encore, d'un meilleur avenir, digne de notre malheureuse et héroïque, France humiliée, morcelée et vaincue ! ! !

Pensons aux morts ! à ceux qui sont tombés pendant cette malheureuse guerre..... La faim, le froid ont été le partage de plus d'un d'entre eux. Car ce sont les plus favorisés qui sont tombés pendant les premiers jours, ceux-là du moins sont tombés pleins d'espérance ! Les autres sont tombés *par devoir et sans nulle espérance*, trahis, sinon seulement par la bassesse d'âme des chefs improvisés par le peuple, du moins par leur effroyable incapacité.

Recueillons-nous, méditons le passé, sachons faire *la solitude* autour de certains hommes..... l'avenir de la patrie est à ce prix ! Arrière les parlementaires, les doctrinaires, les républicains de *l'union libérale*, du manifeste de Nancy, le manifeste Falloux... Ce sont les lâches qui nous ont perdus ! Arrière l'imbécile et sotte suffisance de tous ces drôles hypocrites qui viennent impudemment nous dire : « Vous avez été vaincus « parce que vous n'étiez pas prêts..... » *et qui ont tout fait pour que nous ne le fussions pas ! !*

Oui, des fautes, des crimes peut-être ont été commis, nous voulons les juger, nous recueillir et espérer. NOUS SOMMES LA FRANCE encore ! et si un large crêpe sombre doit envelopper notre drapeau, nous n'oublions pas ces jours où,

> Couvert de lauriers et de fleurs,
> Il brilla sur l'Europe entière !

les jours que nous avait rendus cet Empereur, trop maudit par les incapables et par les lâches, le jour où, à son entrée à

Milan, il fendait un flot de fleurs qui montait jusqu'au poitrail de son cheval !! Oui, nous devons saluer un pareil drapeau, et nous dire encore :

> Quand secoûrons-nous la poussière
> Qui ternit ses nobles couleurs ?

Et nous irions nous affaisser et périr tout entiers aux mains de ces hommes qui, depuis la révolte des Chambres en 1815, ne nous ont prêché que la politique de la lâcheté ! Ne saurions-nous donc plus écouter que ces voix viles et hypocrites qui ne savent plus parler de la patrie et de la puissance publique que pour en médire, et qui réduiraient volontiers les questions nationales à des questions de salaires ? Et ne saurions-nous donc pas dicter un autre langage à ceux qui aspirent à l'honneur insigne de conduire les destinées immortelles de la France ? Et faudra-t-il donc toujours décidément être vil, bête et menteur pour plaire aux masses françaises ? Ou n'est-ce pas là plutôt une immense, une déplorable erreur de quelques hommes plus plats, plus vils et plus lâches peut-être encore que méchants, qui ont eu le tort de ravaler la France, généreuse et héroïque, *à leur petit niveau, bas et intéressé* ? Allons-nous donc voir encore *les petits hommes* chicaner sur les subsides ? Il nous faut, dit-on, DEUX MILLIARDS pour équiper une flotte et préparer une armée dignes de la France, et pour leur assurer les armes, les canons, les arsenaux et les places fortes nécessaires. *Trouverons-nous donc encore des lâches pour discuter tout cela ?* et oublierons-nous cette pâtée de cinq milliards qu'il a fallu jeter dans la gueule du Cerbère prussien, et ne saurons-nous donc plus, *nous la France*, que trouver désormais l'argent nécessaire POUR PAYER NOS DÉFAITES ??? nous, à qui l'on disait autrefois : « LA FRANCE EST ASSEZ RICHE POUR PAYER SA GLOIRE ! »

Qu'avons-nous donc vu depuis 1789 ? Est-ce aux avocats, est-ce au tiers, est-ce à la bourgeoisie que la France s'en est remise du soin de conduire ses destinées? Non! lorsque la République, déjà déshonorée par ses crimes, pourrissait et finissait au milieu de concussions et de mœurs sans nom et nous ramenait aux beaux jours de la Régence et de Louis XV, *moins les manières et le courage*, c'est au côté héroïque et pur de la Révolution, c'est à l'armée qu'elle a demandé un chef; elle s'est donnée à un homme qui avait les côtés héroïques de la royauté et de la noblesse qu'elle venait de briser, et qui n'en avait pas les vices infâmes et les sots préjugés. Elle recommença en quelque sorte l'histoire, et elle eut le bonheur insigne de rencontrer un homme à la hauteur des circonstances; et cet homme qui ramena du même coup l'humanité, la bravoure, la justice et l'honneur (ces qualités qui faisaient naguère les bons, braves et loyaux chevaliers), cet homme ce fut NAPOLÉON BONAPARTE!

Et lorsque, vaincue, la France, après avoir promené vainqueur à travers le monde le drapeau tricolore de Valmy, de Jemmapes et d'Arcole, retomba aux mains de ses premiers maîtres, *ce ne fut que pour un jour*, et elle les balaya par QUATRE FOIS: en 1792, en 1815, en 1830 et en 1848; et on trouve encore des niais pour nous dire: « *La France est inconstante et légère!* » Oh non! bien loin de là, car nous la voyons toujours revenir à NAPOLÉON BONAPARTE, à ce nom qui semble contenir pour elle TOUTES LES GRANDEURS DE SON DESTIN! à celui qui la salua le premier, du milieu des camps, comme il aimait à le dire, du nom de GRANDE NATION, et est resté pour elle comme l'image vivante de la gloire et de la prospérité réunies, lui qui disait: « *Lorsque j'entendrai parler* « *d'une nation qui vit sans pain, je croirai alors que les* « *Français pourront vivre sans gloire!* » Oui, la France n'a jamais séparé la prospérité de la gloire; et puis que deviendrait donc LA GÉNÉROSITÉ, si la France disparaissait? et la verrons-nous donc tomber au-dessous de toutes les nations de la terre qui n'ont cessé d'aspirer à la puissance que lorsqu'elles ont été à jamais corrompues et avilies *par une suite de gouvernements dégradés?*

En sommes-nous donc là?

Lorsque la France eut chassé QUATRE FOIS ses anciens maîtres, elle revint à Napoléon et à sa race, et elle rétablit l'Empire. Cet Empire, il est vrai, tomba à son tour, mais il tomba *comme il devait tomber, lui, sur un champ de bataille et à la frontière, où il venait encore d'être vaincu !* et, depuis lors, on n'a pas encore osé demander à la France ce qu'elle pensait de cette chute sur un lit de mitraille, d'où, si elle n'avait pas été vaincue, elle se serait levée plus brillante et plus forte que jamais ! Mais l'école parlementaire, l'école doctrinaire, tous ces vieux voltigeurs de 1815, et leurs valets les républicains de l'union libérale et du manifeste de Nancy, avaient mis tout leur art consommé à refuser des soldats, des armes et des subsides à cet Empire, qui, lui, cependant, fidèle à ce qui paraissait alors être dans les idées de la France, se rendait à ce refus, et *ne savait pas, ne voulait pas les briser,* ces VALETS OFFICIELS ; et qui cependant, fidèle *à ce que lui demandait l'honneur,* allait tomber sur ce champ de bataille de Sedan *où les destinées de la France ont pensé plier un moment.*

Ne vivrons-nous donc plus aujourd'hui que sous *l'empire de cette défaite?* Allons-nous donc nous y habituer? *Comme après 1815, comme après 1830, comme après 1848, comme après 1870,* allons-nous parcourir une série de gouvernements plats et bavards? Allons-nous voir renaître ces soi-disant hommes d'État à mourir de rire, ou, *pour mieux dire aujourd'hui,* à PLEURER DE RAGE, qui prennent la grandeur de la patrie pour la grandeur de leur lâche faconde, et qui n'ont jamais su, eux, nous dire ce que disait William Pitt à l'Angleterre qu'il voulait préserver de Napoléon : « *Il faut voiler pour trois ans la statue de la Liberté!* »

Vraiment on le pourrait croire en voyant ce qui vient de se

passer sous nos yeux, *au soleil du* XIXᵉ *siècle :* LA FUSION EST ENFIN FAITE ! ! ! *Les invalides de la paix, les escamoteurs de 1815, de 1830, de 1848 et de 1870 se sont ligués...* ILS ONT FUSIONNÉ !... *et ils pensent s'imposer à la France, ces vieux hommes sans entrailles, sans honneur et sans foi, qui n'ont pour eux que d'avoir toujours su trahir en faveur de leurs ignobles intérêts du moment,* INTÉRÊTS D'AMBITION OU AUTRES PLUS VILS ENCORE, *les aspirations de la patrie;* de les avoir dévoyées pour un moment, et d'avoir présidé à tant de funestes naufrages, où la patrie aurait fini par succomber, si un Bonaparte ne nous avait rendu, *en quelques années à peine,* ce qui semble être le privilége des Bonaparte, CES ÉLUS DE LA FRANCE, de lui rendre toujours : « LA GLOIRE ET LA PROSPÉRITÉ ! ! ! »

Mais à cette fusion, une autre fusion ne pourrait-elle donc pas répondre? n'est-elle pas tout indiquée? La CONTRE-FUSION *des dupes de ces lâches et de ces drôles* qui, de l'école de Fouché et Talleyrand, se sont toujours joués de tout sur la terre? Nous allons essayer ici de l'examiner.

CONTRE-FUSION !

Vive l'Empereur, les Communes et la République !

Un grand exemple de discipline vient de nous être donné, à nous *révolutionnaires* : BONAPARTISTES ET RÉPUBLICAINS ! par cette famille que nos pères d'avant 89 appelaient *la maison de France* ; eux qui n'avaient pas vu surgir encore du champ des batailles livrées pour la défense de la Révolution la vraie maison de France : LA MAISON BONAPARTE ! !

Cette famille, voyant la Révolution française affaiblie par nos divisions, et se sentant d'ailleurs trop faible pour l'attaquer *et l'exploiter*, séparée comme elle l'était, a su, oubliant ses divisions et ses haines passées, joindre ses efforts pour essayer *d'entrer dans la place à la faveur de nos discordes.*

Comprendrons-nous *maintenant* les uns et les autres : *bonapartistes et républicains*, TOUS FILS DE LA RÉVOLUTION, que notre devoir à nous qui nous piquons d'être avant tout patriotes, est de suivre un exemple que nous aurions dû déjà donner depuis longtemps, *n'étaient nos chefs imbéciles ? ? ?*

Tomberons-nous donc, nous, *bonapartistes et républicains*, au-dessous des légitimistes et des orléanistes... *quant à la discipline ?* Et cependant nos haines sont-elles donc inspirées par des passions aussi basses, des motifs aussi vils que ceux qui les divisaient naguère entre eux ? Où trouver parmi nous, bonapartistes, des hommes comme le régent, Philippe-Égalité et Louis-Philippe Ier ? Et parmi les républicains sincères, où trouver des hommes comme Pichegru, Moreau, Talleyrand, Fouché ou Bourmont?

Il faut désormais que deux seuls partis restent en présence : la Révolution, la Légitimité !

IL Y VA DU SALUT DE LA FRANCE !!

Qui ne comprend que cette fusion qui vient de s'opérer sous nos yeux nous reporte d'emblée en 1789, à l'ouverture des états-généraux du royaume de France, *et que rien n'étant encore décidé pour eux*, nous allons, dans leur pensée, TOUT REMETTRE EN QUESTION ?

En 1814 et en 1815 on disait de ces gens-là : « *Ils n'ont rien appris et ils n'ont rien oublié !* » Mais aujourd'hui on ne peut pas dire d'eux la même chose ; et s'ils n'ont rien *oublié sans doute*, ils ont BEAUCOUP APPRIS DEPUIS PEU *et nous arrivent riches de deux dogmes absurdes : l'infaillibilité papale et l'immaculée Conception de la mère de Dieu ; et en outre, avec quelque chose de mieux que la Charte octroyée :* AVEC LE SYLLABUS, LA CHARTE DES ÉTATS-GÉNÉRAUX DE L'ÉGLISE, *que le pape infaillible imposera au roi, infaillible aussi...* MAIS A CE PRIX SEULEMENT !!

Ainsi, car depuis 1789 il s'est passé quelque chose sur la terre, *quelque Loriquet que l'on soit*, la Révolution française, la République, l'Empire vont comparaître à l'Assemblée de Versailles, *devant le Syllabus, cette charte du genre humain tout entier*, proclamé hier par l'infaillibilité papale et catholique !

Hâtons-nous donc tous de serrer nos rangs *pour comparaître devant le Concile*, et malheur à celui qui ne saurait pas choisir et affirmer son drapeau, car il périra *ou par le feu... ou par le ridicule !!*

En 1789, la religion catholique était déjà deshonorée et pourrie : C'ÉTAIT ROME ! La royauté était aussi deshonorée et pourrie : c'était le *régent d'Orléans, le cardinal Dubois et Louis XV !* Et il faut être vraiment bien sûr de soi pour dire ce qu'on aurait fait alors que l'on voyait l'Europe tout entière se jeter sur nous pour nous imposer la continuation de ces choses ; et qu'on voyait toutes les noblesses *se croiser* pour nous dompter, NOUS, LA CANAILLE... qui, éclairée par Rousseau, par Voltaire, voulait remonter à la source première des choses : A Dieu, *à la justice, à l'honneur*, ces entités de Platon et du Christ, qu'elle avait vues n'être plus que d'infâmes prétextes à l'exploitation éhontée de quelques drôles : LES ROUÉS DE LA RÉGENCE ET DE L'AUTEL ! ! !

Allons-nous donc recommencer ces temps ? Va-t-on nous les donner en exemple ? Cela serait curieux vraiment, *et comme l'on rirait* si cet excès d'ignoble honte, n'était né de l'excès même de nos malheurs !

Oui, lorsque la France, après 1789, se fut aperçue que l'ancienne dynastie, *la troisième race, circonvenue, comme Charles Ier et Jacques II*, par les prêtres confesseurs de la Rome papale, ne voulait que la jouer et gagner du temps en feignant de reconnaître *les pacifiques conquêtes de* 1789, et qu'en secret elle appelait l'ennemi pour en finir avec un mouvement qu'elle appelait déjà alors, comme en 1815, celui de la *canaille*, elle répondit à la mise en demeure de l'Europe par la levée des quatorze armées de la Convention nationale, et elle proclama à la face du ciel que tous les peuples opprimés qui s'adresseraient à elle auraient, par cela seul, droit à son appui.

Et le monde trembla sur sa base !

Et jamais l'humanité n'aurait vu passer des jours aussi grands, aussi pleins, si cet effort des hommes, toujours bornés et faibles, même au milieu des plus grandes et des plus nobles aspirations, *n'avait été souillé par des crimes sans nom* ! !

La Révolution doit avouer ces crimes, *savoir en rougir et les maudire*, car ce ne sont pas eux qui l'ont faite si grande, et ont assuré *à jamais son empire;* ce sont ses aspirations à l'héroïsme, à la générosité, à la justice et à la loyauté, qu'elle voulait introduire, *pour toujours, dans toutes les transactions de la terre*. Je dirai en un mot : son christianisme, *pur de toute vaine superstition ! ! !*

Exaspérée par le défi qu'on lui jetait, par la fausseté, par les piéges qu'elle voyait autour d'elle ; poussée aussi par l'ardeur de vaincre que Dieu a donnée à la race gauloise et franque... *la Révolution française fut sans pitié !...* Il semble qu'elle retrouva cette férocité barbare qui avait déjà dompté le monde romain s'écroulant dans l'infamie ; elle alla trop loin, elle se corrompit aussi, et elle allait périr, *lorsqu'un héros, nourri dans ses nobles pensées et pur de tous ses crimes, le général Bonaparte, la sauva,* en la préservant d'elle-même, au 13 vendémiaire ; et c'est lui-même qui nous raconte ses impressions en ce jour :

« Comment se dévouer ainsi cependant, disait-il, à être le « bouc émissaire de tant de crimes *auxquels on fut étranger !* « Pourquoi s'exposer bénévolement à aller grossir en peu « d'heures le nombre de ces noms *qu'on ne prononce qu'avec* « *horreur ?*

« Mais, d'un autre côté, si la Convention succombe, que « deviennent les grandes vérités de notre Révolution ? Nos « nombreuses victoires, notre sang si souvent versé, ce ne sont « plus que des actions honteuses. L'étranger, que nous avons « tant vaincu, triomphe et nous accable de son mépris... Un « entourage insolent et dénaturé reparaît triomphant avec lui ; « il nous reproche nos crimes, exerce sa vengeasauraet nous « gouverne, ilotes, par la main de cet étranger.

« Ainsi la défaite de la Convention ceindrait le front de « l'étranger, et scellerait la honte et l'esclavage de la patrie !...

ET IL SE DÉVOUA ! Et c'est ce chef, et c'est cette gloire, et ce sont ces principes immortels, que le pape de Rome, dans la fureur imbécile d'un pouvoir condamné, maudissait hier en ces termes :

« Lorsque nous nous rappelons que l'origine de tous les
« maux est venue de ceux qui, à la fin du siècle dernier,
« s'étant emparés du pouvoir suprême, importèrent les hor-
« reurs d'un nouveau droit et propagèrent les fictions d'une
« doctrine insensée ; lorsque nous nous rappelons qu'elle est
« venue aussi d'un emploi pervers de la puissance et des ar-
« mées, d'où sont sorties, avec le bouleversement complet de
« l'ordre politique en Europe, toutes ces semences de désordre
« qui, chaque jour se répandant plus au loin, ont peu à peu
« conduit le monde à cet état de commotion qui ne cesse pas,
« nous éprouvons une joie extrême en voyant que le retour
« de la France à Dieu commence avec éclat et par ceux
« qui ont été députés pour s'occuper des affaires du peuple,
« pour porter des lois et gouverner la chose publique, et par
« ceux qui, placés à la tête des armées de terre et de mer,
« refont la force des nations.

« Cet accord du droit et de la puissance pour rendre hom-
« mage au Très-Haut, à qui appartiennent la sagesse et la force,
« présage un avenir où le règne de l'erreur sera prochaine-
« ment détruit et où, par conséquent, *la cause des maux sera*
« *extirpée jusqu'à la racine ;* il donne en même temps l'espé-
« rance d'une parfaite organisation des choses, d'une solide
« tranquillité *et d'une restauration de la grandeur et de la*
« *gloire de la France.* »

Vous le voyez, révolutionnaires ; vous le voyez, bonapartistes ; vous le voyez, républicains, *tous fils de la Révolution,*
la situation n'est-elle pas aujourd'hui la même ? et, à Bonaparte
qui demande : « Que deviendront les grandes vérités de notre
« Révolution ? Nos nombreuses victoires, notre sang si souvent
« versé, ne seront plus que des actions honteuses. L'étranger,
« que nous avons tant vaincu, triomphe et nous accable de
« son mépris... Un entourage insolent reparaît triomphant
« avec lui ! » ne semble t-il pas que le prêtre de Rome ré-
ponde : « Cet accord (la fusion !) présage un avenir où le

« règne de l'erreur sera prochainement détruit et où, par
« conséquent, la cause des maux *sera extirpée jusqu'à la*
« *racine* (le rétablissement de l'inquisition sans doute, dont
« on parle déjà en Espagne !) il donne en même temps l'espé-
« rance d'une parfaite organisation des choses (*le Syllabus*),
« d'une solide tranquillité (*l'infaillibilité*) et *d'une restaura-*
« *tion de la grandeur et de la gloire de la France !...*
« (HENRI V ! ! !) »

Nous en sommes donc encore revenus en quelque sorte à
la veille de vendémiaire : d'un côté la Révolution divisée, et de
l'autre la légitimité que cette division remplit d'espérance.
Notre conduite ne nous est-elle donc pas dictée par les circonstances? *ne faut-il donc pas transiger entre nous, nous rap-*
procher, chercher ce qui nous réunit, oublier ce qui nous divise,
pour aller *tous ensemble au-devant de l'ennemi commun ?*
Et *quel sera aujourd'hui le chef qui se dévouera comme en*
vendémiaire ?...

. . . .

Mais nous sommes ici au cœur de la question, il faut nous
y arrêter. Nous trouvons ici la Révolution face à face avec son
véritable adversaire : LE CATHOLICISME! cette question vaut la
peine d'être abordée: *toute la Révolution, peut-être, est là ;*
et c'est parce qu'elle n'a jamais pu, ou su, franchir cet
écueil du catholicisme, *le saper et le remplacer*, qu'elle est
encore aujourd'hui mise en demeure par cet ennemi *irrécon-*
ciliable, qui est en tous points *son contraire*. Jamais la Constituante elle-même n'a su en finir avec la Rome papale ; tant
les préjugés de la première enfance ont de pouvoir sur les
hommes ! Et l'on vit *l'abbé Grégoire* et *Condorcet* former un
synode populaire, *lorsqu'un grand nombre de prêtres se pré-*
sentaient pour se marier (et en finir ainsi avec la loi inhu-
maine et contre nature qui constitue la force corrompue de
la Rome papale), et *déclarer dans une encyclique que la Cons-*

tituante n'avait pas entendu rompre l'ordre qui existe entre *l'ordre politique et l'ordre religieux.* Vit-on jamais plus singulière faiblesse? Et ce n'était là que la suite de ce qui s'était déjà passé à la Constituante qui avait aboli les vœux monastiques, et fait la constitution civile du clergé, en protestant *qu'elle voulait maintenir l'unité de l'Église et ses rapports avec le chef visible:* LE SAINT-SIÉGE!! La Révolution tombait ici dans les mêmes errements que Port-Royal, elle voulait être *d'accord avec le pape... malgré le pape !* Ce sont toutes ces fautes de la Révolution, dont il faut bien savoir se rendre compte, qui ont amené la fausse position qu'elle a toujours eue sur cette question fondamentale : *la religion,* avant même que des imbéciles, comme ceux que nous voyons de nos jours, comme ceux qu'avait déjà vus l'Angleterre au temps de sa Révolution, fussent venus faire la découverte *qu'il n'y avait rien de vrai ici-bas, que leur sottise vide,* qu'ils prennent *pour de la science, et surtout pour de la science gouvernementale.*

« Dans toute l'Europe, disait un jour M. Berryer, qui ne sera
« pas suspect en ces matières, depuis l'établissement du chris-
« tianisme, il y a eu une action puissante de cette religion nou-
« velle sur la formation des sociétés nouvelles. L'Église avec sa
« hiérarchie, sa discipline, sa juridiction, a été le principe des
« développements, le mobile, je dois le dire, des instructions
« civiles et politiques des différents peuples de l'Europe. C'est
« pourquoi, dans tous les États, il en reste un lien très-étroit
« entre l'ordre politique et l'ordre religieux, c'est ainsi qu'au
« jour même de leur grande dissidence, nos voisins n'ont pas
« entendu briser les rapports qui existent entre le temporel et
« le spirituel ; ils ont voulu maintenir, au contraire, de la ma-
« nière la plus formelle, ce lien étroit ; et l'Église anglicane
« n'est pas en dehors de l'ordre civil et politique de l'Angle-
« terre, n'est pas un accessoire de la constitution anglaise,
« comme le disent les publicistes. *Elle est une des bases essen-*

« tielles de la constitution anglaise ; et dans ce pays L'ÉGLISE
« ET L'ÉTAT SONT DEUX PENSÉES INSÉPARABLES, et les publicistes
« attribuent la force, la durée de la constitution britannique
« AUX LIENS ÉTROITS, INDISSOLUBLES ENTRE L'ÉGLISE ET L'ÉTAT. »

Voilà précisément ce que la Révolution française ne sut
jamais faire ; elle ne sut pas BRISER le lien qui la faisait *dépen-
dante, pour la religion, d'une puissance étrangère ?* Elle
*ne sut pas faire sa réforme religieuse, comme elle avait su faire
sa réforme politique.* Et les Républicains doivent savoir le
comprendre, au lieu de reprocher le Concordat à Napoléon
qui prit les choses *au point où elles en étaient,* et obéit peut-
être un peu aussi, d'ailleurs, à ces mêmes préjugés d'enfance
qui avaient arrêté la Constituante.

*Les fautes sur cette question capitale ont donc été commu-
nes, sachons donc le comprendre tous, et rapprochons-nous...*
FUSIONNONS, NOUS AUSSI ! ! !
A Marie-Joseph Chénier qui s'écrie :

> Dieu du peuple et des rois, des cités, des campagnes,
> De Luther, de Calvin, des enfants d'Israël,
> Dieu que le Guèbre adore au pied de ses montagnes.
> En invoquant l'astre du Ciel !
> Ici sont rassemblés sous ton regard immense,
> De l'empire français les fils et les soutiens,
> Célébrant devant toi leur bonheur qui commence,
> Égaux à leurs yeux comme aux tiens.

Napoléon répond en quelque sorte en s'écriant un jour à la
Malmaison, en montrant à Volney le lever d'un radieux soleil :
« Moi-même, à la vue d'un tel spectacle, *je me surprends à être
ému, entraîné, convaincu !* »

Rendons-nous donc, républicains et bonapartistes, aux idées
exprimées par les plus nobles d'entre nous, n'allons pas chercher des imbéciles perdus dans leur galetas, écrasés par leur
bassesse d'âme, pour savoir ce que nous devons penser, ran-
geons-nous à la pensée de ceux qui ONT EU UNE ACTION SUR LE
MONDE ! *Fusionnons-nous dans la croyance à Dieu et à la*

patrie! Débarrassez-vous des ignobles doctrines qui vous flé-
trissent, *laissez là ceux qui vous les inspirent.* Ne voyez-vous
donc pas, MAINTENANT, que vous avez été dupes de quelques
drôles qui vous exploitaient *en juin* 1848 *comme en mai*
1871 ?? Mais, me direz-vous peut-être, ET C'EST VOTRE DROIT
STRICT, quel sera le gage de la CONTRE-FUSION que vous nous
proposez? Ce gage, il est *bien plus fort que nous tous, que
vous, que nous :* IL EST DANS LA FORCE DES CHOSES. *Les races la-
tines vont quitter le catholicisme, notre génération verra s'accomplir ce divorce ; mais elles ne quitteront pas pour cela le
christianisme ;* non, ELLES CHERCHERONT UN MOYEN TERME, elles
chercheront la religion de la liberté, la religion de la Révolution, *la discipline de la Révolution*; et elles la trouveront facilement, parce que le *travail est fait dans tous les esprits,* qu'il
n'y a plus qu'à appliquer ce qui est dans *l'esprit de tout le monde!*
D'Alembert écrivait déjà, de son temps, à Voltaire : « Le plus
« beau jour de ma vie sera celui où l'on rappellera les pro-
« testants, et où le catholicisme supprimera la confession et
« mariera son clergé. »

L'avenir est à celui qui saura mettre cela en pratique, et
n'avons-nous pas des raisons pour penser que Napoléon IV,
héritier des Napoléon, *pourrait le laisser faire,* si nous le
mettions de nouveau à notre tête par un plébiscite solennel?
Il n'a jusqu'ici parlé que deux fois, et il a été heureux ces deux
fois : son premier mot a été pour la France, et hier, au 15 août,
il a dit qu'il ne reconnaissait d'autre loi *que la souveraineté
nationale,* et *d'autre drapeau que le drapeau qui la* CONSACRE :
le drapeau tricolore ! Il a ajouté que sa devise était celle de son
aïeul : « Tout pour la France et par la France ! »

Eh bien ! la sagesse des nations ne dit-elle pas : « Aide-toi,
le ciel t'aidera ! » C'est au peuple, c'est à nous tous maintenant
à bien savoir ce que nous voulons. Le peuple déjà, à Lyon,
lorsqu'on l'a gêné pour assister aux enterrements matérialistes,
auxquels il allait avec une immortelle à la boutonnière, s'est

fait inscrire en foule, dit-on, chez les pasteurs protestants ! Il y avait là *le commencement d'un mouvement raisonnable.* C'était faire usage de la liberté pour *quelque chose de bien et surtout de pratique.* C'était appliquer la liberté de conscience au lieu de supprimer cette conscience. C'était aller à la pratique de l'Évangile, en attendant que *Rome y retourne !* C'est savoir quitter Rome, comme nous avons su quitter la légitimité. C'était voter pour une religion, comme nous votons pour un Empire. C'était faire, en un mot, *un usage raisonnable de notre raison,* c'était nous en montrer dignes. C'était fuir en religion, comme en politique, les doctrines vides, insensées et criminelles!!! Et si la Révolution nous a donné la liberté de conscience et la liberté politique, ce n'est pas pour étouffer ces libertés mais pour nous en servir. Et si jamais vous les perdez... ce sera votre faute ! Ne vous en prenez jamais qu'à vous-mêmes ! Vous avez vraiment l'air d'avoir fait la Révolution sans savoir ce que vous faisiez.

Et puis la bourgeoisie, la classe la plus éclairée, ce tiers de 89 qui a fait la Révolution française et qui devrait donner l'exemple, reste là toujours froid et compassé, empêtré dans ses préjugés, et dans ce qu'il croit être ses intérêts, et suppute toujours ce que la moindre de ses actions pourra bien lui rapporter ! Ces intérêts, il est vrai, c'est la Révolution elle-même qui les a fait naître ; mais ne serait-il donc pas temps *de les ennoblir eux aussi,* en les dirigeant, en les appuyant fermement sur ce qu'il sait probe, juste et honnête ?

Il abandonne le peuple aux sophistes, aux coquins, puis il est étonné de l'âpreté, de la stupidité que met le peuple dans ces questions; tout cela vraiment est-il juste ? Mais disons tout :

La bourgeoisie, le peuple répugnent peut-être à abandonner leur religion paternelle, et il faut sans doute savoir entrer dans ce sentiment, lorsqu'on vient prêcher *une transaction, une alliance.* Eh bien, ne peut-on faire la réforme sur un terrain neutre ?

Hyacinthe (je dis Hyacinthe comme je dirais : Lolard, Wiclef, Jean Huss, Zwingle, Luther, Knox ou Calvin) ne nous a-t-il pas mis sur cette voie ? Il se dit *vieux catholique* (et nous n'avons pas à nous occuper de ceux d'Allemagne !), supprime la confession, les vœux monastiques, se marie, et lit l'Évangile en français ; *que nous importe le reste ?* la porte est ouverte, c'est à nous d'entrer. N'avez-vous pas entendu les bonapartistes dire en parlant des pèlerinages que c'étaient des capucinades ?... pensez-vous donc qu'ils pourront longtemps reprocher à ce digne prêtre, qui était en passe d'être bientôt cardinal, de *s'être défroqué, décapuciné et marié ???*

Mais pour aider, pour faire cette réforme, toujours plus urgente, il faudrait *un pouvoir fort* qui sût au besoin, sinon l'imposer, pousser et aider du moins (énergiquement) les esprits à suivre la voie qu'ils indiquent tous, sans savoir aller d'eux-mêmes, par paresse, par préjugé ou par crainte, dans cette voie qu'ils savent tous être la bonne. Et n'est-ce pas cet esprit de transaction sur la question religieuse qui nous fera apporter un esprit de transaction pour résoudre les autres questions ? Une députation disait déjà hier au jeune Napoléon IV à Chislehurst : « Vous régnerez de par la sou-« veraineté du peuple et pour le bien du peuple ; *vous* « *rétablirez, par la pratique chrétienne de l'égalité civile et* « *politique, le respect de la loi et l'autorité de la justice.* » Cela était très-bien parler à un jeune prince qui disait, quelques jours avant, qu'il serait toujours fidèle aux principes du fondateur de sa dynastie. Et ces principes quels sont-ils ? et où les trouvera-t-il formulés ? Car il a, et nous avons aussi, une charte, et cette charte c'est celle que lui recommandait de lire son père dans ce testament écrit au faîte de la puissance :

« LE MÉMORIAL DE SAINTE-HÉLÉNE, ET LA CORRESPONDANCE DE NA-« POLÉON Ier. » Là, on trouve partout la haine de la superstition, l'amour de la patrie et des intérêts bien entendus de tous. « La « patrie, c'était mon étoile polaire ! » s'écrie Napoléon quelque

part. Il dit aussi : « Le bas peuple français aurait été le plus
« instruit du monde. Tous mes efforts tendaient *à éclairer la*
« *masse de la nation, plutôt que de l'abrutir par l'ignorance*
« *et la superstition.* »

Et plus loin : « Oui, j'ai encouragé les francs-maçons parce
« qu'ils ont aidé, dans la Révolution et dans ces derniers temps
« encore, à diminuer la puissance du pape et l'influence du
« clergé ! » Il dit aussi : « Je suis loin d'être athée. Malgré les
« iniquités et les fraudes des ministres de la religion, qui prê-
« chent constamment que leur royaume n'est pas de ce monde
« et pourtant s'emparent de tout ce qu'ils peuvent, du moment
« où je fus à la tête du gouvernement, je fis tout ce qui était
« en mon pouvoir pour rétablir la religion. Mais je voulais en
« faire le fondement et le soutien de la morale et des bons
« principes, et non qu'elle prit l'essor au-dessus des lois hu-
« maines. » Le meilleur moyen aujourd'hui ne serait-il donc
pas, *pour soutenir la morale*, de marier le clergé, qui ne peut
plus supporter cette loi contre nature : *le célibat*? Et hier, à
Paray-le-Monial même, un frère de la prétendue doctrine chrétienne ne vient-il pas de commettre une de ces infamies qui leur
arrivent maintenant tous les jours ???

Ne fera-t-on donc rien? La civilisation acceptera-t-elle
donc une pareille responsabilité, lorsque saint Paul lui-même
a dit : « S'il ne peut garder la continence, qu'il se marie :
« cela vaudrait mieux que de brûler d'un feu impur. » Et
quant aux bons principes, ne voyons-nous pas que l'Empereur ne croyait pas à la damnation éternelle, *disant que Dieu*
ne saurait avoir un pareil contre-poids à sa bonté infinie? Et
quant à la confession, voici ce qu'il en pense dans son *Mé-*
morial ; citons tout le morceau : « Je n'ai voulu que la gloire,
« la force, le lustre de la France ; toutes mes facultés, tous mes
« efforts, tous mes moments étaient là. Ce ne saurait être un
« crime, je n'ai vu là que des vertus! Quelle serait donc
« ma jouissance, si le charme d'un avenir futur se présentait

« à moi pour couronner la fin de ma vie? Mais comment
« pouvoir être convaincu par la bouche absurde, par les
« actes iniques de la plupart de ceux qui nous prêchent? Je
« suis entouré de prêtres qui me répètent sans cesse que leur
« règne n'est pas de ce monde, et ils se saisissent de tout ce
« qu'ils peuvent. Le pape est le chef de cette religion du ciel,
« et il ne s'occupe que de la terre. Que de choses celui d'au-
« jourd'hui, qui assurément est un brave et saint homme (*une*
« *espèce de Pie IX!*) m'offrait pour retourner à Rome ! La dis-
« cipline de l'Église, l'institution des évêques ne lui étaient plus
« rien, s'il pouvait à ce prix redevenir prince temporel. Au-
« jourd'hui même, il est l'ami de tous les protestants, *qui lui*
« *accordent tout parce qu'ils ne le craignent pas.*

  « Nul doute, du reste, que mon espèce d'incrédulité ne fût,
« en ma qualité d'Empereur, un bienfait pour les peuples; et
« autrement, comment aurais-je pu exercer une véritable tolé-
« rance? Comment aurais-je pu favoriser avec égalité des sectes
« aussi contraires, si j'avais été dominé par une seule? Comment
« aurais-je conservé l'indépendance de ma pensée et de mes
« mouvements, sous la suggestion d'un confesseur qui m'eût
« gouverné par les craintes de l'enfer? Quel empire un mé-
« chant, le plus stupide des hommes, ne peut-il pas, à ce titre,
« exercer sur ceux qui gouvernent les nations? N'est-ce pas
« alors le moucheur de chandelles qui, dans les coulisses, peut
« faire mouvoir à son gré l'Hercule de l'Opéra? Qui doute que
« les dernières années de Louis XIV n'eussent pas été bien dif-
« férentes avec un autre confesseur? J'étais tellement pénétré
« de ces vérités, que je me promettais bien de faire en
« sorte, autant qu'il eût été en moi, d'*élever mon fils dans la*
« *même ligne religieuse où je me trouve.* » Il faut espérer
que Napoléon IV méditera ces lignes, et en sortira avec un
esprit disposé aux réformes religieuses que demande son
siècle, pour enlever tout prétexte et apaiser toutes les haines
sociales... et apporter dans toutes ces questions l'esprit de

transaction, l'idée de devoir, qui y président en Angleterre ! !

L'Empereur termine cette conversation, et je ne peux vraiment mieux faire que de le citer encore, en envoyant le fils de Las Cases chercher l'Évangile, et le prenant au commencement, il ne s'arrête qu'après le discours de Jésus sur la montagne, se disant ravi, *extasié de la pureté, du sublime et de la beauté d'une telle morale.*

Mais revenons à notre première citation où il termine en disant : « Je ne voulais pas que la religion prît l'essor au-dessus « des lois humaines. » Et que voyons-nous donc aujourd'hui ? Le pape, en se déclarant infaillible et en proclamant le *Syllabus*, ne vient-il pas de se mettre non-seulement bien au-dessus des lois humaines, mais ne vient-il pas de déchirer ces fameuses propositions de Bossuet, en 1682, qui mettaient les conciles au-dessus du Pape, et de détruire ainsi ce que nous étions convenus d'appeler jusqu'à ce jour : les libertés de l'Église gallicane ? Vraiment, la guerre, tous ces derniers événements, nous ont empêchés d'attacher à toutes ces choses l'importance qu'elles méritent, et le pouvoir civil va s'apercevoir un de ces jours qu'il lui est impossible de vivre en paix avec les nouvelles prétentions de Rome ! *Et ces prétentions coïncident avec la chute du pouvoir temporel !* Que dire de cette proposition du *Syllabus*, dernière et ridicule prétention d'un pouvoir qui se sent perdu et condamné :

« Art. 35 : *Ni un décret d'un conseil général, ni le consen-* « *tement de tous les peuples,* ne peuvent transférer le souverain « pontificat de l'évêque romain et de la ville de Rome, à un « autre évêque et à une autre ville. »

Tout ce que nous venons de voir ne nous indique-t-il donc pas assez que nous avons la chance de trouver dans le nouvel Empire un pouvoir préparé à juger ces choses le plus sainement possible ? Ne faut-il pas un pouvoir fort pour sortir de la crise religieuse et sociale actuelle, et ce pouvoir ne devra-t-il pas savoir s'appuyer à la fois sur l'Évangile et sur la Révolution ?

Il me semble que les républicains doivent être bien lassés de *leur impuissance en tout :* n'ont-ils pas vu déjà dans l'histoire ce défilé de chefs et de sectes imbéciles qui nous inondent aujourd'hui ??? Supprimer Dieu, supprimer la patrie... en paroles, quelques viles, quelques basses qu'elles soient d'ailleurs, ce n'est pas faire avancer d'un pas les questions ; cela ne sert qu'à envenimer les choses. Masses égarées, laissez donc là vos chefs idiots; j'aime mieux employer ce mot aujourd'hui, puisque je cherche *un rapprochement,* que Proudhon est mort, et que d'ailleurs, coquins ou idiots, le résultat serait toujours le même! Cherchons donc ensemble : à trouver des chefs qui nous donnent quelques garanties *pour arriver à une transaction nécessaire de plus en plus tous les jours, en religion et en politique ;* à travailler de concert à nous donner la religion et la patrie la meilleure, la plus complète et la plus florissante possible.

D'ignobles chefs sont venus vous fanatiser pour des questions de salaire, et ont voulu les faire passer *avant tout;* comme si ce n'était pas *l'existence de la patrie* qui devait passer *avant tout.* Et vous-même, ouvriers, déjà en 1848, *ne leur donniez-vous pas trois mois de misère pour fonder la République, à ces gens qui vous connaissent si peu* ! ! Que donneriez-vous donc, *si vous pouviez avoir confiance,* pour sauver non-seulement la République, mais la France, mais la patrie dont l'existence nécessairement se rattache à vos intérêts bien entendus, qui ne sont après tout que les nôtres à tous, depuis 1789, qui a brisé et abaissé toutes les barrières ! ! Ce qui respire précisément dans Napoléon Bonaparte, c'est l'amour de la République et de la patrie. La République et la patrie il les a sauvées au 13 vendémiaire, à son retour d'Égypte, au 18 brumaire, comme il a essayé de les sauver des hontes de la Restauration et de Louis-Philippe au 20 mars 1815, comme Napoléon III les a sauvées au 2 décembre.

Ils nous ont alors, *tous les deux,* débarrassés de vos chefs bavards, prétentieux et impuissants, qui n'ont d'autre mobile que la bassesse de leur âme, ce qu'ils prennent peut-être (il sont si bêtes !) *pour de l'humanité*, et qui n'est après tout qu'une platitude naturelle, qui vient toujours compromettre l'existence et la grandeur du pays.

Un grand peuple ne vit pas que de pain, et le grand Empereur disait : « Il n'est rien qu'on n'obtienne des Français par l'appât du danger ! » *Vous a-t-il donc mal jugés* ? Et puis, voyez donc comme tous les sycophantes qui vous soufflaient l'insurrection et la haine vous ont trompés. Avez-vous jamais autant gagné que sous le dernier Empire ? *et ceux qui ont su économiser et vivre tranquilles*, ont-ils donc jamais été plus heureux ? Et n'est-ce pas cet Empire si maudit qui *seul* a su vous donner le droit d'association, et vous enlever l'obligation du livret ? Ne voyez-vous donc pas qu'on vous a fanatisés pour faire place à quelques drôles qui se moquent bien de vous... et qui ne nous associent même pas... à *leurs bénéfices !!!*

La Révolution n'a pas créé que des intérêts nouveaux, elle a créé aussi des principes nouveaux ; et Napoléon Bonaparte, en satisfaisant ces intérêts, *ne s'est jamais joué de ces principes*. En élevant la France à un degré, inconnu jusqu'à lui, de gloire et de prospérité, il a fait passer dans les lois tous les principes nouveaux de cette Révolution immortelle dont un des premiers mérites sera toujours de lui avoir fait place, d'avoir donné un complet essor à cette grande âme, immortelle comme elle, *qui, fière comme l'aigle son emblème, devait ressentir avec passion tous les grands côtés de cette Révolution, sa mère !!* Non, la Révolution, la République ne s'est point trompée en le mettant à sa tête, car il l'a *consacrée dans toutes ses lois*, et il a pu s'écrier avec justice sur son rocher de Sainte-Hélène, où l'on vit une nation faire la guerre à un homme :

« La contre-révolution, même en la laissant aller, doit iné-
« vitablement se noyer d'elle-même dans la Révolution. Il
« suffit de l'atmosphère des jeunes idées pour étouffer les vieux

« féodalistes ; car rien ne saurait désormais détruire ou effacer
« les grands principes de notre Révolution ; ces grandes et
« belles vérités doivent demeurer à jamais, tant nous les
« avons entrelacées de lustre, de monuments, de prodiges ;
« nous en avons noyé les premières souillures dans des flots
« de gloire ; elles sont désormais immortelles ! Sorties de la
« tribune française, cimentées du sang des batailles, décorées
« des lauriers de la victoire, saluées des acclamations des
« peuples, sanctionnées par les traités, les alliances des souve-
« rains, devenues familières aux oreilles comme à la bouche
« du roi, *elles ne sauraient plus rétrograder ! ! !*

« Elles vivent dans la Grande-Bretagne, elles éclairent
« l'Amérique, elles sont nationalisées en France : VOILA LE
« TRÉPIED D'OU JAILLIRA LA LUMIÈRE DU MONDE !

« Elles le régiront ; elles seront la foi, la religion, la morale
« de tous les peuples ; et cette ère mémorable se rattachera,
« quoi qu'on ait voulu dire, *à ma personne, parce qu'après*
« *tout j'ai fait briller le flambeau, consacré les principes,*
« *et qu'aujourd'hui la persécution achève de m'en rendre*
« *le messie. Amis et ennemis, tous m'en diront le premier*
« *soldat, le grand représentant. Aussi, même quand je*
« *ne serai plus, je demeurerai encore pour les peuples*
« *l'étoile polaire de leurs droits ; mon nom sera le cri de*
« *guerre de leurs efforts,* LA DEVISE DE LEURS ESPÉRANCES ! »

RÉFORME !

VOLTAIRE !

Il existe au cœur de l'Italie, longeant la France et l'Espagne, *un chancre rongeur*, dernière épave du sombre et sinistre moyen âge, qui menace encore de foudres, désormais impuissantes, *la renaissance du monde ! !*

Tout ce qui en France, en Espagne, en Italie, représente le plus fidèlement un passé souillé *des crimes les plus horribles, les plus infâmes ou les plus vils*, se réclame de cette papauté et s'y rattache, et lui demande *une dernière bénédiction hypocrite ! !*

A la porte de l'Italie ce sont les descendants corrompus et féroces de ceux qui la déshonoraient naguère de leurs crimes stupides autant qu'infâmes ! les ducs de Modène, de Parme, de Toscane, et ce fils du tyran égorgeur de Naples : *le roi Bomba !*

A la porte de la France, c'est cette légitimité *aveugle* qui se réclame à la fois des souvenirs de Henri IV, qui sut étouffer la Ligue, proclama la liberté de conscience et périt égorgé par un moine ; et de Louis XIV, qui supprima cette liberté de conscience dans sa stupide vieillesse pendant laquelle il fut honteusement joué par un prêtre confesseur : *le père Lachaise*, ce moucheur de chandelles qui faisait remuer l'Hercule de l'Opéra, Louis XIV, de la coulisse où il se tenait placé avec cette intrigante qui se prenait parfois, c'est elle qui le dit, à regretter *sa bourbe* : MADAME de MAINTENON ! ! ! cette soi-disant *légitimité*, qui a déjà été ramenée *deux fois* en France par l'ennemi *depuis la grande Révolution, notre mère*, et y a déjà rapporté *deux fois* le massacre des populations, au nom du plus infâme fanatisme ; et l'extermination des

généraux qui avaient combattu les derniers pour l'indépendance de la patrie, et cela même en violant les *capitulations
qui les couvraient* ! !

Et pourtant, dans sa stupidité, cette misérable cour de Rome,
sans esprit, sans courage, sans talent, sans bonne foi (comme
disait Napoléon, qui cependant s'était fait sacrer par elle), pense
que les beaux jours du père Lachaise et de Bossuet vont revenir, et cette fois elle ne bénit plus, nous l'avons déjà vu, elle
maudit, à la porte de la France, le descendant de cet Empire
français qui n'est plus à ses yeux que « le descendant de ceux
« qui, à la fin du siècle dernier, s'étant emparés du pou-
« voir suprême, importèrent les horreurs d'un nouveau droit
« et propagèrent les fictions d'une doctrine insensée. » Et
cette papauté misérable, si bien jugée par Napoléon, rend ainsi
à sa race le service signalé *de le sacrer chef de la Révolution* ! !

Républicains et bonapartistes, tous fils de la Révolution,
notre commune mère, n'est-ce donc pas ici le moment de
fraterniser au nom de la patrie et de la foi en péril ? « Et où
« trouverez-vous donc un gage plus puissant que celui de
« voir vos chefs maudits par la papauté ?? »

Mais la papauté ne décourage et ne repousse *complétement*
personne..... *parmi les grands de la terre* !... elle ne pour-
suit d'une haine éternelle et ne voue au massacre et à la mort
(c'est l'histoire d'hier, et ce sera peut-être l'histoire de
demain) que les nations et que les chefs assez osés pour regarder eux-mêmes le ciel et y invoquer directement, dans le
for intérieur de leur conscience, le père éternel du Christ :
le conducteur caché des destinées du monde.

Oui, nous ne le savons que trop ! la papauté, cette tendre mère
des jésuites assassins, se croit habile, et elle bénirait au besoin
*tous les drapeaux de cette malheureuse France, déchirée, faible,
blessée et meurtrie.....* pourvu que celui qui le porte s'incline
devant elle ! Elle est comme le diable avec le Christ sur la

montagne, et promet l'*empire du monde à celui qui se pros-
ternera devant elle et l'adorera!!*

Pour elle seule les drapeaux ne sont point des symboles...
et dès *qu'un prêtre de Rome les bénit..... elle les accepte.....
car elle sait bien alors ce qu'elle en fera!...* aussi nous la
voyons prête à bénir le *drapeau blanc*, mais à bénir aussi,
si l'on veut, le *drapeau tricolore!!!*

Mais ici, *voyez-le*, Rome et les jésuites sont bien malheureux : il se trouve que le roi des gentilshommes de France et
du monde, ne veut pas plus quitter son drapeau blanc, « qui
couvrit son berceau et doit abriter sa tombe! » que l'Empereur de France ne veut quitter, lui, *son trapeau tricolore de
Valmy, de Jemmapes et d'Arcole!!* Et la Rome des jésuites est
là, pantelante dans les coulisses, avec Jules Simon et tous les
Jules de la terre, CETTE RACE MAUDITE, qui trouve cette question
de drapeau bien ridicule ; et elle voudrait bien bénir le drapeau tricolore ou le drapeau blanc, QUEL QUE SOIT D'AILLEURS
CELUI QUI LE PORTE... *pourvu qu'il se prosterne devant elle, le
diable vivant de l'enfer, qu'elle a inventé, et l'adore!!!*
Mais le roi des gentilshommes de France et du monde, et l'Empereur de la Révolution, son chef, notre chef légitime à nous
les hommes, les simples créatures de Dieu, *sinon les gentilshommes des temps nouveaux*, ne veulent point entrer dans cette
comédie, *bonne tout au plus pour l'abbé Dubois et le régent!!*

Le roi gentilhomme sait que ses aïeux n'acceptaient qu'en
frémissant ce terrible pouvoir du prêtre de Rome ; et cette
main, qui voudrait *sans doute* mettre encore le gantelet des
chevaliers du moyen âge, *s'est rappelé le gantelet de fer de
Nogaret*, et elle repousse les offres viles de la papauté et de
ses valets: les Dupanloup, les Falloux, les républicains du
manifeste de Nancy, les Thiers, les Rémusat, les Broglie, les
Guizot et *tutti quanti* qui pâlissent éperdus dans la coulisse
pour leurs espoirs secrets. Et puis pourquoi d'ailleurs accep-
terait-il ce drapeau des mains de la papauté, lui dont les

aïeux l'avaient accepté, *un moment, des mains de la nation?*
Mais ce drapeau n'est plus à lui..... il le sait..... *car il est*
gentilhomme et l'honneur le conduit..... l'histoire a marché
depuis 89, *ce drapeau ses aïeux l'ont rendu à la France*, et
elle l'a confié à l'Empereur, *et l'univers* sait ce qu'ils en ont
fait l'un et l'autre.... et ce drapeau tricolore, Napoléon III,
au nom de la France, lui qui ne se montra jamais plus qu'en
ce jour le chef légitime de sa Révolution sainte, le donnait
hier à l'Italie; et ce drapeau tricolore de la résurrection de
la gloire et de la liberté de l'Italie, c'est lui en quelque sorte
qui flotte, à l'heure qu'il est, emblème de la paix, de la
fraternité et du bonheur du genre humain, sur la Rome papale de l'inquisition, des massacres et de toutes les atrocités
sans nom du moyen âge!!!

Le gentilhomme et l'Empereur sont ici plus loyaux que le
prêtre de Rome! L'Empereur saura être fier d'une malédiction
qui l'honore; et le gentilhomme, l'allié, l'ami de tous les dé-
trônés, « de tous les chassés de l'Italie et de l'Espagne, lui
« qui pleure à la porte de la France, comme ils pleurent tous
« à la porte de l'Italie et de l'Espagne, » ne veut *pas, même*
une heure, faire semblant de se séparer de ses alliés qui ne
peuvent respirer qu'à l'ombre de son drapeau blanc!!!

La Rome des jésuites a fait ici un mauvais élève..... cet
homme, que dis-je? *ce gentilhomme croit à l'honneur*, et à son
drapeau!..... *Quel élève, et quelle honte pour Rome et pour*
les jésuites !!!

Henri V veut remettre *ses parents*, ses amis en Italie et en
Espagne, et il *ne le cache point!* Le pape et le jésuite, qui sont
là-dessus bien d'accord avec lui, lui disent seulement :
« Prenez mon moyen, glissez-vous dans la maison! que vous
« importe même de recevoir *quelques coups de pied..... le*
« *pouvoir est doux !!.....* une fois là..... vous savez bien que
« *nous sommes d'accord, que vous êtes* le fils aîné de l'Église,
« *et que Rome, que l'article concerne*, RELÈVE D'UN SERMENT

« PRÊTÉ !!!! et puis : massacres, vols ou peste nous enrichiront
« du sud au nord !!! » Mais non, le gentilhomme est sourd et
sombre *comme l'Empereur l'a été*..... et il comprend vague-
ment que ce sont là DES PROPOS DE LAQUAIS !!!! IL REFUSE ! Et le pape
et le jésuite *ne l'en bénissent pas moins, et ils bénissent aussi
leur filleul l'Empereur, et les d'Orléans, ces bons d'Orléans,
qui disent dans leur testament, avant de fusionner,* bien entendu, sous les auspices du pape (*ce pouvoir si fort,* leur a dit
le malin *M. Thiers*), que leur foi politique (*laquelle?*) est
au-dessus de leur foi religieuse (*laquelle?*).

A la porte de l'Espagne, c'est l'innocente Isabelle, avec sa
rose inondée du saint chrème, que le pape lui a offerte comme
à la plus pure, à la plus modeste, à la plus digne, à la plus
loyale des souveraines. C'est la fille de Ferdinand VII, *et elle a
su se montrer digne de son père* ! Elle attend là, à la porte de
cette malheureuse Espagne, avec son fils Alphonse, *prince des
Asturies, filleul du pape toujours, béni par le pape toujours
s'entend* !! Et elle y est en nombreuse compagnie, *sinon en
bonne compagnie*. Il y a là les frères Carlos, qui attendent
aussi avec un autre Alphonse sans doute, prince aussi des
Asturies sans doute (car ils se parent tous, comme l'âne de la
fable, de la peau *de l'ours des Asturies*), filleul aussi du pape
sans doute comme l'autre, comme il en est aussi béni et encouragé. Et ils attendent que la malheureuse Espagne se rende à
merci et à miséricorde aux bandes éhontées des curés Santa-
Cruz (*Sainte-Croix!*) et Goiriana, *ces fusilleurs de femmes, d'al-
cades et de soldats* !! Et ces prétendus défenseurs de l'ordre
viennent, dit-on, reprendre haleine en France, entre deux exploits, et la presse papale les bénit, relève et soutient *leur courage;* et pleins de rechef d'une sainte ardeur, d'une noble vail-
lance, à la hauteur de leurs nobles visées, ils se précipitent de
nouveau sur l'Espagne, et, dignes exploits pour les créatures de
l'enfer, ils arrêtent les diligences, font sauter les rails et les tun-
nels quand passent des trains de voyageurs, *les détroussent, et,*

fanatisés par l'Esprit-Saint et l'espoir fondé de la bénédiction apostolique et romaine, ils entrevoient le ciel et des plaisirs sans fin !! Et l'on voit en France des journaux qui disent..... *sérieusement* (??) : « Ne serait-il pas temps que le gouverne-« ment français appuyât les carlistes en Espagne...... car c'est « ce parti seul, ne le voit-on donc pas aujourd'hui ? qui repré-« sente l'ordre dans ce malheureux pays !!! » ..... Triste effet du siége prolongé de Paris..... LE RAMOLLISSEMENT DES CER-VEAUX !!!!

Que dire enfin de ce pouvoir papal qui s'en va ainsi par-tout *bénissant, soutenant, encourageant le crime sur toutes les frontières* ?? Que dire de cette bénédiction apostolique et romaine qui va de Henri V à Napoléon IV et à Louis-Philippe II, de M. Thiers à M. Guizot, de M. Jules Simon à tous les Jules..... et ils sont nombreux ! et de l'innocente Isabelle et de son prince des Asturies, son filleul, à l'autre prince des Asturies, *son filleul aussi* sans doute, et des deux Carlos à leurs curés fusilleurs de femmes, et de tous les prin-cipicules bourreaux de l'Italie à tous les rois, à tous les empe-reurs, bourreaux et bombardeurs de l'Italie !!!!

Et n'est-ce pas le moment de se rappeler Luther ? qui disait, ce moine défroqué (comme le père Hyacinthe), en parlant de la Rome papale, qu'il faudrait une voix qui eût la *force du tonnerre* pour parler des erreurs, des crimes et des infamies de la papauté ! Et ce qu'il disait, et ce que répétait hier le père Hyacinthe, n'était-il donc pas juste ???

Et hier encore cependant un archevêque de Paris, oublieux du digne langage tenu au concile par son malheureux prédécesseur, *en appelait à la colère de Dieu* : « Un jour viendra, ose-t-il s'é-« crier, où les puissances européennes sentiront l'inévitable né-« cessité de réparer un désordre qu'elles avaient le besoin et la « facilité de prévenir (la sainte alliance !) sinon, DIEU SE SERVIRA « DES MÉCHANTS EUX-MÊMES POUR SE FAIRE JUSTICE ! La Révolution, « *qui a commencé le mal*, le poussera jusqu'à cet excès où le

« mal se tue lui-même ; ceux qui auront sacrifié l'Église à leur
« ambition seront sacrifiés à leur tour, et quand il n'y aura
« plus que des ruines, le bras de Dieu, qui n'est pas raccourci,
« saura rassembler les pierres dispersées de l'Église et les réta-
« blir sur les débris de l'œuvre des hommes. » Et voilà un évêque qui nous dit que Dieu se servira *même des méchants pour
rétablir le pouvoir temporel du saint-siége...* ET QUE SON BRAS
N'EST PAS RACCOURCI !...Et hier à peine la guerre civile ensanglan-
tait nos rues ! *Quel sera donc le pouvoir qui ramènera parmi
nous la concorde et la paix ?*

Le premier Empire ne nous a-t-il pas donné l'exemple de
cette *réconciliation* ? Il succédait cependant à de bien autres
tempêtes qu'à celles auxquelles nous venons d'assister. *Et cependant il a tout calmé...* Mais il est vrai qu'il n'a jamais pu
oublier ou nous faire pardonner notre gloire, mais cela dépen-
dait-il de lui ? *Et n'était-ce pas là la destinée de la France ?*
Notre Révolution immortelle devait laisser entrevoir au
genre humain de telles régions, que l'homme *ne devait plus les
oublier*, et que les despotes inquiets et stupides devaient toujours nous attaquer avec l'espoir, patent ou secret, d'en
finir une bonne fois avec cette France *généreuse et héroïque,
ce flambeau du genre humain tout entier*, LA FRANCE RÉ-
DEMPTRICE DES NATIONS, la mère de cette Révolution immortelle
qui n'était que la religion de l'évangile qui se faisait
chair... mais cette religion ne veut-elle donc pas des ministres dignes d'elles et du Christ ; des ministres purs de
toute superstition et de tout mensonge, qui n'aspirent
point à diriger, à confesser la conscience humaine, mais
à la guider, à lui lire l'Évangile, et à le lui faire bien comprendre, en pratiquant devant elle les plus sacrés devoirs
de la vie, les devoirs de la famille, source inspiratrice
de plus hauts devoirs, ces devoirs que Rome a mis un art
infernal à étouffer, en détournant leur cours et leur satisfaction légitime, pour fanatiser les ministres de son ambition, qui

dans ses mains ne sont plus, comme elle ose nous le dire, *que des cadavres :* PERINDE AC CADAVER ! !

Nous... faisons ce que nous devons : fermons l'ère des révolutions en les accomplissant ! Marions le clergé, *la partie saine du clergé* : nous la reconnaîtrons à ce signe ! Supprimons la confession, les vœux monastiques ; lisons en français cet Évangile, que les masses françaises, lorsqu'elles étaient bien dirigées, ont, après tout, su si bien appliquer dans le monde ; et ne soyons point en souci, disant : « Que boirons-nous, ou de « quoi serons-nous vêtus ? — Mais cherchez d'abord le « royaume de Dieu et sa justice, et toutes ces choses vous se- « ront données par surcroît ! »

Puisse ceci n'être pas un dernier et vain appel à cette conciliation, à cette transaction dont nous avons ici cherché *les vraies bases*, cette transaction sainte qui peut seule nous donner *cette concorde* dont nous avons tant besoin pour marcher tous ensemble vers un avenir plus heureux ! vers le relèvement *moral et politique* de la patrie ! ! !

Lorsque l'Empereur voulut rasseoir la société ébranlée, presque détruite, après l'affreuse tourmente révolutionnaire qui avait tout emporté, il retourna il est vrai au catholicisme romain, mais ce fut surtout parce que de l'effroyable tourmente rien n'était resté *pour remplacer la forme religieuse des temps passés.* Car il sut bien utiliser d'ailleurs, s'approprier et discipliner tout ce qui était sorti de la Révolution pour remplacer la forme politique de ces mêmes temps passés. Il comptait, *c'est lui qui nous l'a dit*, qu'il s'emparerait de cette forme religieuse, et qu'il la mettrait, pour ainsi dire, au pas des principes de cette Révolution dont il consacrait les conquêtes dans ses lois civiles, dans son code, et dans sa constitution impériale. Emporté par les événements et la guerre, il n'eut pas le temps de bien l'essayer et de se rendre compte des conditions auxquelles cela aurait été possible, et fut, il faut savoir lui rendre cette justice, cent fois au moment de briser ce pouvoir qu'il trouvait toujours avec lui d'une parfaite mauvaise foi, bien justifiée d'ailleurs, car ce pouvoir religieux, *issu d'un passé qui n'était plus et ne devait jamais plus renaître*, sentait très-bien dans *cet Empereur légitime de la Révolution, un maître plutôt qu'un fidèle !!*

Après sa chute, on vit ce pouvoir religieux *retourner à la Restauration avec enthousiasme, et c'était bien naturel,* car l'ordre de choses nouveau qui s'établissait en France... *c'était lui même, qui n'avait jamais changé,* et qui, s'il avait bien subi quelquefois les prétentions de la Révolution (*Napoléon l'avait voulu en beaucoup de points*), n'en avait jamais, *il faut savoir lui rendre justice aussi,* accepté les principes, comme l'avait fait chaleureusement Napoléon Bonaparte lui-même.

Après la révolution de 1830, le pouvoir religieux qui l'avait encore déterminée, comme il avait jadis déterminé celle de 1688 en Angleterre, celle de 1789 en France, et toutes celles de la malheureuse Espagne et du monde, se tint sur une réserve extrême ; il vécut toujours assez mal avec ce nouveau gouvernement, qui était mis en demeure par l'opposition d'interrompre ses relations amicales avec l'Autriche (*à défaut de la France*) et d'occuper, bien malgré lui, le port d'Ancône.

Sous la République, en 1848, il fut plus heureux, et, grâce au trouble des temps et aux insanités socialistes, il sut si bien manœuvrer qu'il obtint l'appui de la République française pour se faire imposer à Rome et à l'Italie, qui venaient de le chasser à Gaëte. Et Napoléon III, alors président de la République, fut presque mis en demeure par des ministres républicains, et entre autres par le fameux Odilon Barrot, *qui disait cependant que la loi devait être athée,* de rendre Rome au pape. On ne saurait trop insister sur ces événements, car ils permettent en passant de juger la capacité politique de nos grands hommes d'État, les Odilon, les Guizot, les Thiers, les Dufaure, les Jules Favre, les Jules Simon, toute la séquelle parlementaire, académique, du manifeste de Nancy et de l'Union libérale, ces grands bavards sots et creux, toutes ces médiocrités suffisantes des *Débats*, du *Temps*, toujours plus ou moins cléricaux à la Chambre et à l'Académie, ou bien dans ces salons ridicules où ils se laissent jouer par quelque moitié de Marie Alacoque en vapeur... avec les Falloux, les Berryer et autres saints personnages... Et puis après, ces gens-là viennent se plaindre de se réveiller un beau jour à Mazas, ou au Mont-Valérien ! ne serait-ce pas à regretter vraiment, si l'on était méchant, qu'on les en ait tirés... trop tôt... quand on pense au mal qu'ils ont fait ici, et dans d'autres questions encore moins à leur portée, et qu'ils préparent peut-être encore pour cette malheureuse France qui n'en peut mais de leur épouvantable incapacité et suffisante insuffisance !

Et cependant Napoléon III, héritier de Napoléon Iᵉʳ, de *par le suffrage et la volonté nationale*, et héritier aussi, rendons-lui cette simple justice, des idées de son *grand-oncle*, comme il aimait à le dire ; lui qui d'ailleurs disait aussi, ce qui n'est pas un mince mérite, en ce temps d'imbéciles uniquement intéressés à leur petite, sotte et vide personne, au moment du centenaire, en saluant ce grand nom NAPOLÉON : « MOI QUI NE SERAIS RIEN SANS LUI ! » Napoléon III, *dés qu'il fut le maître,* voulut essayer à son tour de contraindre la papauté *à se mettre au pas des idées, des principes de la Révolution française. Il échoua aussi!* Mais espérant tout du temps, et craignant d'ailleurs le vide absolu des doctrines soi-disant républicaines, socialistes, humanitaires, doctrinaires et parlementaires de l'Union libérale et du manifeste de Nancy : Falloux — Larcy — Alacoque — Berryer — Jules Favre — Ernest Picard — Jules Simon — Rochefort — Hugo — et Thiers-Guizot (ces deux perroquets INSÉPARABLES), *tous gens de la même foree et de la même farine...* il protégea Rome contre Garibaldi qui avait été son soldat cependant lors de la guerre d'Italie, et qui a oublié trop, vraiment, cette noble fraternité d'armes.

La papauté, elle, ce pouvoir religieux du passé, comment

3

employa-t-elle ce répit que semblait lui accorder encore l'Empire français, ce chef légitime de la Révolution? *on ne saurait se lasser de le dire!*

Essaya-t-elle de s'approprier, d'adopter *quelques-unes des idées de l'ordre de choses nouveau*, qui en beaucoup de points cependant n'était que l'application *immédiate et sincère* des *principes contenus dans l'Évangile?* Bien loin de là, ce pouvoir usé et méprisé, composé de quelques vieux prêtres intrigants, bornés et fanatiques, remplis dès leur jeunesse des abominables préjugés du passé, et d'autres choses encore qu'on ne peut pas dire (car dès qu'on touche à Rome..... *on ne peut pas tout dire...* se rappeler l'enquête ordonnée par l'Angleterre à propos du séminaire de Menouth, en Irlande, qui conclut en disant elle aussi : *qu'on ne pouvait tout dire !!!*) rêvant pour la Rome papale je ne sais quelle restauration d'autodafé, bien loin de reconnaître les principes de la Révolution moderne, disciplinée pour ainsi dire par les Napoléon, prétendit (malgré les sages conseils et l'appui que Napoléon III lui avait assuré par cette malheureuse convention de septembre qui devait malheureusement jeter l'Italie dans les bras de la Prusse), donner elle-même cette charte des temps nouveaux, et elle apporta le *Syllabus* au *monde plus indigné encore qu'étonné, tant son pouvoir était désormais méprisé et sans force;* et non contente de proclamer cette charte, car il semblait être dans sa destinée d'aller *jusqu'aux dernières limites de l'absurdité humaine,* elle décréta *dans un concile œcuménique (le dernier sans doute!)* que le pouvoir qui avait donné le *Syllabus* et proclamé la Vierge, mère de Dieu, *immaculée,* était, qui l'eût cru... *un pouvoir infaillible.*

D'un autre côté la société craint *de plus en plus* le vide révoltant de ces hommes qui viennent solliciter toutes les passions de leurs semblables, sans non-seulement leur imposer aucun frein, mais en les excitant de toutes les manières, pour la satisfaction vile d'une ambition éphémère comme eux, à briser toutes les entraves, sans examiner d'ailleurs si quelques-unes ne sont pas fondées *sur la justice*, et ne découlent que des lois nécessaires que l'homme doit s'imposer pour vivre en société.

Ce sont ces hommes qui ont fourni des armes au catholicisme et à la papauté, et elle aurait pu, *grâce à eux*, prolonger son empire, s'il n'était clair ici que, selon le proverbe antique, « *quos vult perdere* JUPITER DEMENTAT ! »

Le père Hyacinthe, dans un beau prêche, remarque que la proclamation du dogme de l'infaillibilité par le concile œcuménique de Rome, eut lieu précisément le même jour que la déclaration de guerre de la France à la Prusse. Les éclairs et le tonnerre grondaient sur la Rome papale, les salles du concile étaient, il paraît, plongées dans la plus profonde obscurité !

C'est assurément cette singulière coïncidence de la proclamation de ce dogme qui vint bouleverser l'Église de France avec la déclaration de guerre à la Prusse, qui ne nous a pas encore permis de nous rendre bien compte de toute son importance.

·Et d'abord le clergé de France n'avait pas le droit de voter ce dogme, et devait se retirer du concile en protestant, car il était tenu par son serment prêté à la déclaration faite par le clergé de France touchant la puissance ecclésiastique, donnée au mois de mars 1682, enregistrée en parlement le 23 desdits mois et an, et déclarée loi générale de l'Empire le 25 février 1810.

Cette déclaration faite par le clergé français, sous Louis XIV, à l'instigation de Bossuet, se proposait non-seulement, dit l'édit qui la promulgue de bien définir la puissance ecclésiastique : « mais encore d'ôter aux ministres de la religion pré-« tendue réformée le prétexte qu'ils prennent des livres de « quelques auteurs pour rendre odieuse la puissance légi-« time du chef visible de l'Église et du centre de l'unité ec-« clésiastique. » Et nous voyons de suite que le concile œcu-

ménique est venu donner raison à ces ministres de la religion prétendue réformée. Mais ce n'est pas tout ; l'édit,
dans ses articles, s'exprime ainsi : « Art. 1. Défendons à tous
« nos sujets et aux étrangers étant dans le royaume, sécu-
« liers et réguliers, de quelque ordre, congrégation et société
« qu'ils soient, d'enseigner dans leurs maisons, colléges et
« séminaires, ou d'écrire aucune chose contraire à la doctrine
« contenue en icelle.

« Art. 2. Ordonnons que ceux qui seront dorénavant
« choisis pour enseigner la théologie dans tous les colléges de
« chaque université, soit qu'ils soient séculiers ou réguliers,
« souscriront ladite déclaration aux greffes des facultés de
« théologie, avant de pouvoir faire cette fonction dans les
« maisons séculières et régulières ; qu'ils se soumettront à
« enseigner la doctrine qui y est expliquée, et que les syn-
« dics des facultés de théologie présenteront aux ordinaires
« des lieux et à nos procureurs généraux des copies des-
« dites soumissions, signées par les greffiers des dites fa-
« cultés.

« Art. 3. Que dans tous les colléges et les maisons des-
« dites universités où il y aura plusieurs professeurs, qu'ils
« soient séculiers ou réguliers, l'un d'eux sera chargé tous
« les ans d'enseigner la doctrine contenue en ladite déclara-
« tion ; et dans les colléges où il n'y aura qu'un seul profes-
« seur, il sera obligé de l'enseigner une des trois années
« consécutives.

« Art. 4. Enjoignons aux syndics des facultés de théologie
« de présenter tous les ans, avant l'ouverture des leçons, aux
« archevêques et évêques des villes où elles sont établies, et
« d'envoyer à nos procureurs généraux les noms des profes-
« seurs qui seront chargés d'enseigner ladite doctrine, et aux-
« dits professeurs de représenter auxdits prélats et à nosdits
« procureurs généraux les écrits qu'ils dicteront à leurs
« écoliers lorsqu'ils leur ordonneront de le faire.

« Art. 5. Voulons qu'aucun bachelier, soit séculier ou ré-
« gulier, ne puisse être dorénavant licencié tant en théologie
« qu'en droit canon, ni être reçu docteur, qu'après avoir
« soutenu ladite doctrine dans l'une de ses thèses, dont il fera
« apparoir à ceux qui ont droit de conférer ces degrés dans
« les universités.

« Art. 6. Exhortons néanmoins, enjoignons à tous les
« archevêques et évêques de notre royaume, pays, terres et
« seigneuries de notre obéissance, d'employer leur autorité
« pour faire enseigner, dans l'étendue de leurs diocèses, la
« doctrine contenue dans ladite déclaration faite par lesdits
« députés du clergé.

« Art. 7. Ordonnons aux doyens des facultés de théologie
« de tenir la main à l'exécution des présentes, à peine d'en
« répondre en leur propre et privé nom.

Paris, en parlement, le 23 mars 1682.

Extrait du *Moniteur* du 1er mars 1810 (correspondance de Napoléon Ier).

Nous citons tous ces articles pour bien faire voir l'importance que Louis XIV, comme Napoléon Ier, attachait à la
stricte exécution de la déclaration du clergé en 1682, déclaration que le clergé appelle : *décrets de l'Eglise gallicane et de
ses libertés ! ! !*

Voyons maintenant en quoi consiste cette déclaration : elle
débute en disant qu'elle se propose de maintenir la primauté
de saint Pierre et des pontifes romains ses successeurs, insti-
tuée par Jésus-Christ, et « de combattre les hérétiques qui
« mettent tout en œuvre pour faire paraître cette puissance,
« qui maintient la paix de l'Église, insupportable aux rois et
« aux peuples, et qui se servent de cet artifice afin de séparer
« les âmes simples de la communion de l'Église. » Et encore

ici nous voyons de suite que Rome semble s'être appliquée à vouloir donner raison aux hérétiques.

« Voulant donc remédier à ces inconvénients, nous, arche-
« vêques et évêques assemblés à Paris par ordre du roi,
« avec les autres ecclésiastiques députés, qui représentent
« l'Église gallicane, avons jugé convenable, après mûre dé-
« libération, de faire les règlements et déclarations qui sui-
« vent (et nous allons voir toutes ces déclarations détruites
« par le concile œcuménique de Rome) :

« Art. 1. Que saint Pierre et ses successeurs, vicaires de
« Jésus-Christ, et que toute l'Église même, n'ont reçu de
« puissance de Dieu que sur les choses spirituelles et qui con-
« cernent le salut, et non point sur les choses temporelles
« et civiles. »

Article détruit évidemment par le *Syllabus* émané d'une autorité proclamée absolument infaillible par le concile œcuménique de Rome.

« Art. 2. Que la plénitude de puissance que le saint-siége
« apostolique, et les successeurs de saint Pierre, vicaires de
« Jésus-Christ, ont sur les choses spirituelles, est telle que
« néanmoins les décrets du saint concile œcuménique de
« Constance, contenus dans les sessions quatrième et cin-
« quième, approuvés par le saint-siége apostolique, con-
« firmés par la pratique de toute l'Église gallicane, demeurent
« dans leur force et vertu, et que l'Église de France n'ap-
« prouve pas l'opinion de ceux qui donnent atteinte à ces
« décrets ou qui les affaiblissent en disant que leur autorité
« n'est pas bien établie, qu'ils ne sont point approuvés, ou
« qu'ils ne regardent que le temps du schisme. »

Article détruit évidemment par la proclamation par le concile œcuménique de Rome de l'infaillibité absolue du pape de Rome, proclamation évidemment contraire en tous points aux session IV et V du concile de Constance, *lesquelles déclarent les conciles œcuméniques supérieurs aux papes dans le spirituel.*

(Se reporter aux temps des papes Jean XIII, Benoit XIII et Grégoire XII, où l'on verra que *Rome et schisme sont termes synonymes*).

« Art. 3. Qu'ainsi il faut régler l'usage de la puissance
« apostolique en suivant les canons faits par l'esprit de Dieu
« et consacrés par le respect général de tout le monde ; que
« les règles, les mœurs et les constitutions reçues dans le
« royaume et dans l'Église gallicane doivent avoir leur force
« et vertu, et les usages de nos pères demeurer inébran-
« lables ; qu'il est même de la grandeur du saint-siége apos-
« tolique que les lois et coutumes établies du consentement
« de ce siége respectable et des églises subsistent invariable-
« ment. »

Article détruit encore évidemment, puisque ceux qui ont voté l'infaillibilité absolue du pape dans le concile œcuménique de Rome n'ont tenu aucun compte « des canons, des règles, des mœurs et des constitutions dont il est ici question et qui étaient reçues dans le royaume et dans l'Église gallicane, et que le saint-siége apostolique n'a tenu nul compte aussi de toutes ces choses établies, nous disait-on cependant ici, de son consentement et qui devaient subsister inva- riablement.

« Art. 4. Que, quoique le pape ait la principale part dans
« les questions de foi, et que ses décrets regardent toutes les
« Églises et chaque Église en particulier, son jugement n'est
« pourtant pas irréformable, à moins que le consentement de
« l'Église n'intervienne. »

Article détruit toujours et plus évidemment que jamais, s'il est possible, puisque la proclamation du dogme de l'in- faillibilité absolue du pape par le concile œcuménique de Rome met ses jugements, quels qu'ils soient, tout à fait au-dessus du consentement de l'Église ! ! !

Que devient donc après cela la teneur de l'édit de Louis XIV, confirmé par Napoléon Ier, loi qui, depuis lors, régit censément le clergé de France et les soi-disant libertés de l'Église gallicane ??? Il n'en subsiste plus rien..... maïs absolument rien ! ! ! Et le clergé de France, faisant pour ainsi dire litière au pape de Rome de ses engagements avec son souverain temporel, a forfait aux engagements d'honneur qu'il avait pris, en parfaite connaissance de cause. Il a brisé le Concordat ! Et aujourd'hui, quelle doctrine enseigne donc le clergé dans ses séminaires et ses écoles ?... la doctrine contraire à celle qu'il a juré cependant à l'État d'enseigner... aussi l'État n'est-il pas en droit de suspendre les archevêques et évêques qui ont forfait à la foi jurée... et de nommer à leurs siéges d'autres archevêques et évêques prêts à se conformer à leurs serments, et à ne tenir compte que des engagements que leur imposera le gouvernement de la patrie. L'ÈRE DU SCHISME EST OUVERTE... et on peut dire que nous y sommes entrés en plein sans nous en apercevoir, à cause de l'issue funeste de la guerre avec la Prusse, et aussi à cause de la funeste autant qu'à jamais déplorable guerre civile qui lui a succédé, et qui n'a servi qu'à obscurcir davantage toutes les questions, au lieu de les éclaircir. Sous l'Empire, au moment de la convocation du concile œcuménique, le garde des sceaux disait bien : « Après le concile les droits de la France seront entiers! » soit... mais comment pourraient-ils être d'accord avec ceux que Rome vient d'imposer au clergé de la France soi-disant gallicane?

Le gouvernement va s'apercevoir bientôt qu'il ne peut plus gouverner avec un clergé qui a, malgré ses serments solennels, contracté des obligations complétement opposées à ses serments, avec un pouvoir étranger ! Et cette impossibilité de gouverner deviendra bien plus impossible encore lorsque la papauté, *bientôt réconciliée avec l'Italie*, voudra conserver sur notre clergé de France *un pouvoir dictatorial qu'elle exercera évidemment au profit du royaume d'Italie*. La seule issue possible à tout cela, c'est donc de proclamer hautement le schis-

me qui existe à l'état latent, et de nous affranchir de
Rome, comme veulent s'en affranchir l'Espagne, l'Autriche,
et la Hongrie; comme ont su s'en affranchir l'Angleterre,
l'Allemagne, la Hollande, la Suède et la Norwége, le Danemark, la Russie et l'Amérique du Nord; nations qui
ont toutes une religion nationale greffée sur l'Évangile du
Christ, en dehors duquel il n'y a point de religion, mais
qui rougiraient de soumettre l'intronisation de leurs archevêques et de leurs évêques au bon vouloir d'un pouvoir
étranger! Cé schisme, né de la force des choses, encore
plus que de notre volonté, doit nous servir à introduire dans
la discipline nationale du clergé, bien gallican cette fois,
le mariage du clergé et la suppression de la confession et
de la transsubstantiation. Nous comprendrons enfin que
c'est grâce, à l'appui d'un pareil clergé que l'Angleterre
a pu clore sa révolution et marcher, de transaction en transaction, vers un avenir plein de promesses sans doute,
mais encore perdu dans un brouillard profond pour nous.
Chateaubriand disait : « Un avenir sera, un avenir puis-
« sant, *libre dans toute la plénitude de l'égalité évangélique;*
« mais il est loin encore, loin au delà de tout horizon visible,
« on n'y parviendra que par cette espérance infatigable, in-
« corruptible au malheur, dont les ailes croissent et grandis-
« sent à mesure que tout semble la tromper, par cette es-
« pérance plus forte, plus longue que le temps, et que le
« chrétien seul possède (le chrétien philosophe!) Avant de
« toucher au but, il faudra traverser la décomposition sociale,
« temps d'anarchie, de sang peut-être, d'infirmités certaine-
« ment : cette décomposition est commencée, elle n'est pas prête
« à reproduire, de ses germes non encore assez fermentés, le
« monde nouveau. » Marchons cependant, nous Français, d'un
pas ferme vers cet avenir généreux, où notre généreuse politique étrangère est déjà entrée et a précédé toutes les autres
nations ! cette politique qui délivrait hier l'Italie du joug hon-

teux de cette papauté, qu'avait fini par quitter Gioberti lui-
même, avec Manin, Mazzini et Cavour ; Gioberti, qui, après
avoir fait le *Primato*, s'écriait après l'encyclique du 16 avril
qui refusait le concours de la papauté temporelle à la résurrection de l'Italie (*il resorgimento*) : « Tout philosophe catholique
est protestant »... n'avait-il donc pas raison ?

Rappelons-nous donc que l'Angleterre, *depuis Wiclef*, l'é-
toile du matin de la réforme, a traversé ces crises sociales
auxquelles nous sommes en proie. C'est Wiclef qui disait :
« Quand Ève filait et qu'Adam bêchait, qui donc alors était
« gentilhomme ? »

Il disait aussi « que le royaume ne doit obéir à aucun
« siége, à aucun prélat... qu'il ne faut envoyer de l'argent
« ni à Rome, ni à Avignon, ni à aucune cour étrangère...
« ceux qui exigent ces redevances, ajoutait-il, sont des
« loups ravissants que l'Ecriture nous apprend à reconnaître
« par leurs œuvres. On ne saurait justement charger le peu-
« ple d'impôts avant d'avoir épuisé les biens de l'Eglise, qui
« sont le patrimoine des pauvres. Quand les évêques ou les
« curés tombent manifestement dans la disgrâce de Dieu, le
« roi peut et doit confisquer leur temporel ; il est permis aux
« seigneurs laïques d'enlever les biens aux ecclésiastiques pé-
« cheurs d'habitude, d'autant que l'Ecriture sainte est con-
« traire à ce que les prêtres possèdent des immeubles. » (Bercastel, tome VII, 365,366.)

Et enfin : « Jésus-Christ n'est pas vraiment et réellement
« présent au sacrement de l'autel. La substance du pain et
« du vin demeure en ce sacrement après la consécration.
« On ne trouve point dans l'Évangile que Jésus-Christ ait
« ordonné la messe. La confession extérieure est inutile
« à un homme suffisamment contrit. Si le pape est un
« méchant, il est membre de Satan, et n'a pas conséquent au-
« cun pouvoir sur les fidèles. Après Urbain VI, on ne doit
« plus reconnaître de pape, mais vivre comme les grecs,

« chacun sous ses propres lois. Un prêtre ou un diacre
« peut prêcher sans autorisation du pape ni de l'évêque. Ceux
« qui cessent d'instruire ou d'entendre la prédication à cause
« de l'excommunication sont traîtres à Dieu ! Ainsi ses
« principes de prééminence du roi sur le pape, de l'État sur l'É-
« glise faisaient oublier ses hardiesses socialistes *à l'endroit de*
« *l'égalité et de la liberté.* Ses attaques contre la foi le faisaient
« aimer des philosophes que ses rêveries politiques mécontem-
« taient, et, absous temporellement au XIVe siècle, il fut cano-
« nisé par les réformés du XVe qui conservent comme une re-
« lique dans la cathédrale de Lutterworth la chaire où il ren-
« dit le dernier soupir. » (Cénac-Moncault.)

Un concile national, tenu à Londres le 17 mai 1882, le
manda à sa barre ; ses ouvrages y furent examinés avec
soin et ses principales propositions censurées et condamnées.

Le roi Richard y joignit une déclaration contre les Wicle-
fistes et ordonna à l'université d'Oxford (*que dirait-elle aujour-*
d'hui?) de chasser leur chef de son sein. Aucune autre peine
n'accompagna la sentence du concile. « Vivent Richard et les
« communes ! était le cri national qui servait d'atténuation aux
« forfaits des wicléfistes... le gibet fit justice des massacres.
« A quelle circonstance Wiclef fut-il donc redevable d'échap-
« per à la colère qui remontait jusqu'à son nom, et de mourir
« tranquillement à Lutterworth ? Il le dut à ce levain déjà
« profond de réforme, à cette jalousie (*ce mépris*) contre Rome
« et l'Église qui avaient envahi les barons, le roi et surtout
« Jean, duc de Lancastre, son oncle, et Henri de Percy, maréchal
« du royaume. On pendait sans rémission les chefs visibles
« des bandes meurtrières, mais on pardonnait à l'instigateur
« caché qui tonnait contre l'autorité papale, se répandait en
« railleries contre la transsubstantiation, la confession orale,
« les richesses du clergé (et le célibat !) toutes choses qui de-
« vaient plus tard, servir de base à la religion de l'Angleterre,
« de la Hollande, de l'Allemagne, de l'Amérique, de la Russie et

« du monde ! (Voir Bercastel) Jean Ball et Jack Straw, pendus
« avec des chaînes de fer, avaient envahi Londres, s'étaient
« emparés de la Tour, avaient mis à mort l'archevêque Sub-
« dury ; sir Robert Hall, le confesseur du roi ; William Ap-
« puldore, le fermier des impôts, plusieurs de ses agents, et
« promené leurs têtes au bout de leurs piques. » (Cénac-
Moncault.) Toutes ces abominations ne semblent-elles pas
vraiment nous reporter aux sinistres jours de la Commune
de Paris ? Aussi heureux que l'Angleterre, saurons-nous
nous décider enfin, nous aussi, à aborder la réforme religieuse, pour laquelle tout paraît se préparer, et y trouver
comme elle, le repos, et l'esprit de transaction qui nous
manque ?

Un pouvoir fort, en quelque sorte dictatorial, ne serait-il
pas nécessaire pour accomplir cette réforme ? N'est-ce pas
dans une restauration impériale que nous le trouverons ? Un
pouvoir appuyé *sur une forte majorité, aurait seul la force
nécessaire pour accomplir cette œuvre, et clore ainsi l'ère des
révolutions sans cesse renaissantes !*

Ne sommes-nous pas las des doctrines vides, des hommes
vides, des bas ambitieux, des factieux de toute couleur et
de tout rang ? N'y a-t-il plus maintenant *que deux seuls vrais
partis,* qui plaident leur cause en présence de la *France sans
chef :* la légitimité, la Révolution ! le passé... un grand
passé ! l'avenir... un grand, un plus grand avenir aussi...
les deux Empires d'hier et celui de demain ! Que chacun choi-
sisse en liberté sa bannière que les partisans du passé se ran-
gent sous le drapeau blanc, et tous les partisans de l'avenir,
TOUS LES RÉVOLUTIONNAIRES, sous le drapeau tricolore de la Révolution française et des Napoléon Bonaparte qui, s'ils se sont
trompés quelquefois, n'ont jamais failli à leur mission ; c'est
là ce que j'appelais en commençant *la contre-fusion* à opposer
à la fusion que nous venons de voir s'accomplir. Et je finirai
ici en *disant avec M. Berryer :*

« La révolution est faite, messieurs, et il faut bien savoir ce
« que l'on a fait. Désormais en France, le principe du pouvoir
« n'est plus dans le droit royal, MAIS DANS LE DROIT DES MAJO-
« RITÉS. »

EMPIRE !

Au plus digne !

Le plus grand homme de l'antiquité après le Christ, celui du moins qui, avant le Christ, a tenu le plus les destinées du monde dans ses héroïques et puissantes mains, *Alexandre le Grand*, ne s'écria pas en mourant, comme on nous le dit : « *Au plus digne* » mais inquiet du sort du monde après lui, de ce monde qu'il avait pétri, et qu'il connaissait peut-être trop, il s'écria : « AU PLUS FORT ! ! »

On sait comment cet appel *à la force*, *le Dieu antique !* fut entendu par ses généraux et par Rome, qui devait leur succéder, et enfin par les barbares nos pères, ces hommes féroces et héroïques qui devaient renouveler ce grand monde romain, *tombé si bas* que ces barbares ne connaissaient pas d'épithète plus insultante que celle de « Romain ! » et que ce titre à leurs yeux semblait contenir, comme leurs historiens nous le racontent, tout ce que la nature humaine pouvait comporter *de lâcheté et de bassesse !*

Allons-nous donc recommencer l'histoire ? Après avoir vu sombrer la Grèce, après avoir vu sombrer Rome, allons-nous donc voir SOMBRER LA FRANCE ??? *le pays des Francs !!* les Francs, les plus fiers et les plus terribles parmi ces barbares si fiers et si terribles qui apportèrent au monde païen', sombrant dans l'infamie et la lâcheté, ce qui devait *renouveler, retremper et rajeunir le monde :* LE POINT D'HONNEUR !!! d'où sortit cette chevalerie dont la gloire était de représenter, *l'humanité, la bravoure, la justice et l'honneur !...* Et le der-

nier cri du monde antique, un suprême appel à la force par
un de ceux qui l'avaient le plus et le mieux employée :
« *Au plus fort !* » devra-t-il donc être aussi le cri suprême
du nouveau monde, du monde barbare, du monde franc,
chrétien et chevaleresque ? Non certes ! Car depuis le
Christ, bien plus grand et plus puissant qu'Alexandre, ce
Christ qui porta *jusqu'à la folie* ce sentiment divin de la
fierté humaine chez le barbare : le *point d'honneur !* en l'appuyant sur l'idée de la Divinité, un nouveau cri a retenti
dans le monde affamé de justice : « Au plus digne !!! »

Oui, cette fois, c'est bien *au plus digne* qu'il doit appar-
tenir de guider les destinées de ce nouveau monde. Et le plus
digne n'est-il donc pas le pays de France ? cette France mère
de la chevalerie, de la noblesse et de la Révolution ! çette
héroïque, railleuse, généreuse et indomptable France !

La loi bourguignonne disait, tit. 45 : « Si quelqu'un affirme
« qu'il connait parfaitement la vérité d'une chose, et s'il offre
« d'en faire le serment, il ne doit pas hésiter de soutenir son
« affirmation par le combat. » C'est toute la chevalerie.

Qui oserait soutenir que si la France sombrait... le monde
ne sombrerait pas avec elle, *comme il paraissait naguère
devoir sombrer avec la Grèce et Rome ?* Où serait donc alors
la nation qui pourrait se lever et dire comme elle : « J'ai voulu
« représenter dans le monde : l'humanité, la bravoure, la jus-
« tice et l'honneur !!! »

Et vous, fils de France, pour qui j'écris, parce que le plus
humble et le plus fou, *aujourd'hui que la patrie est en danger,*
a le droit d'essayer de le faire, vous *qui, à cause de cela,* me
faites l'honneur de me lire, sera-ce donc vous qui irez protester contre mes paroles ?

L'un de vous, oublieux de la nuit du 4 août, dira-t-il : « Oui,
« cela est vrai si vous vous arrêtez à 1789, et si vous vous
« prononcez pour le roy de France, resté aussi puissant et
« aussi fier, avec les dominicains et les jésuites, Marie Alaco-

« que, le *Syllabus*, l'immaculée conception et l'infaillibilité du
« pape de Rome, que le lys son emblème, et en dehors duquel
« il n'y a point de chevalerie et de chevaliers ! »

Et un autre : « Depuis la nuit du 4 août, l'orgie du 4 août,
« comme disait Mirabeau, depuis la Terreur, Robespierre et
« Marat, Jemmapes, Fleurus et Marengo, nous avons su
« faire justice de ces choses ridicules que vous appelez la
« chevalerie ! Nous sommes les hommes forts des temps nou-
« veaux ; nous savons avec notre Dieu, celui du moins qui a
« remplacé pour nous ce ridicule fétiche, avec Proudhon, ce que
« sont l'humanité, la bravoure, la justice et l'honneur... ce
« sont là grimaces des singes nos pères ! Bon pour eux... c'était
« alors l'âge de la pierre ! Nous marchons, nous, vers l'âge de
« l'intérêt sordide, sans entrailles, sans âme, sans espérance et
« sans Dieu ! Hein, quelle force que la nôtre ? Et puis... nous
« marchons à tout cela avec une immortelle à notre boutonnière!
« et puis notre cri à nous c'est le cri des désespérés : Vive la
« Commune, vive la République universelle et à bas Dieu !! »

Eh bien, non, mes frères : poussés, excités les uns et les autres par les infâmes et horribles souvenirs des malheureuses
luttes de notre histoire, vous vous faites, *par point d'honneur*,
solidaires les uns et les autres de ces horribles, de ces infâmes
crimes du passé... et *vous en oubliez la gloire !* et la patrie est
là cependant pantelante et meurtrie, prête à périr sous les
derniers et malheureux coups que va peut-être lui porter LA
GUERRE CIVILE ! cette guerre infâme qui, déjà plus d'une fois,
a failli mettre notre nationalité au tombeau !

Quoi, vous tous, fils de cette généreuse France ! *généreuse
toujours !* généreuse avec les croisés, généreuse avec la chevalerie, avec la noblesse, *et malgré les mauvais prêtres bassement ambitieux !* généreuse avec les républicains, avec Hoche,
avec Marceau, avec Desaix, avec Bonaparte, et malgré les
mauvais républicains bassement ambitieux ! quoi... *par point
d'honneur*, fils des Francs entés sur les Gaulois, vous ne

saurez donc pas *transiger entre vous,* pendant qu'il en est temps encore, et tandis qu'il vous reste le champ, déjà amoindri cependant, de la patrie pour le faire ? Attendrez-vous donc le sort de la Pologne pour remplir le monde du bruit de votre réconciliation et de vos luttes terribles et inutiles, sur le sol à jamais profané d'une patrie qui aurait vécu ? Inutiles, oui, car si la France jamais avait vécu... qui donc la tirerait d'esclavage et l'aiderait à relever la tête ?... L'ITALIE PEUT-ÊTRE ! car elle aimerait mieux sans doute amener son pavillon, ce pavillon tricolore envolé des plis sacrés du nôtre, que de le couvrir d'opprobre en ne venant pas secourir la nation libératrice, sa mère : *la France rédemptrice des nations* ! Mais la France n'est point encore à ce point descendue qu'elle doive compter sur l'appui des autres ; et puis d'ailleurs il faudrait, comme l'Italie, pour le mériter, ne pas commencer pas s'abandonner soi-même ; et c'est s'abandonner vraiment, que de vivre sans cesse au milieu de querelles insensées, *sur un navire que l'incendie dévore, que la tempête assiége, et qui fait eau de toute part* ! Aussi, dût le vent de la tempête et la fumée de l'incendie emporter ma bien faible voix, je pousserai ce cri que je crois sacré, au milieu de l'infernale tourmente : « *Transaction, transaction, transaction?* »

Ce cri déjà nous a sauvés, lorsque nous allions périr *corps et biens,* après les horribles tempêtes de 1792 et de 1793. Ce cri fut celui qui inspira le chef de la *quatrième race ;* lui qui avait porté à travers le pont d'Arcole et à Marengo le drapeau de Jemmapes et de Valmy ! lui qui avait reconquis Toulon, fait reculer les chouans en vendémiaire, signé le traité de Lunéville ; lui qui fut le premier consul, et qui sauva vingt fois la patrie avant de périr avec elle : L'EMPEREUR NAPOLÉON BONAPARTE !

Dieu lui donna assez d'énergie et de puissance pour sauver, pour discipliner *la Révolution française* ! cette Révolution qui avait enivré le monde avant de le frapper de terreur ! cette

4

Révolution qui faisait courir Kant, lui le critique de la raison pure, au-devant des diligences qui apportaient des nouvelles de ce pays qu'il croyait arrivé à ce port que semblent indiquer à la fois au genre humain *Dieu et la philosophie, le Christ et Platon* !

Oui, l'*Empereur Napoléon Bonaparte* fut celui qui rapporta à la France l'*honneur avec la discipline*, après les horreurs et les infamies de la Terreur, qui rappelaient à s'y méprendre les horreurs et les infamies du moyen âge, les massacres des Sarrazins, les massacres des Albigeois, les horreurs commises par les dominicains (ces chiens du Seigneur), par l'inquisition et par les pères jésuites !

Oui, le chef de la *quatrième race* fut grand pour avoir compris et fait siennes la Révolution française dont il sortait, la France dont il sortait ; pour avoir voulu être, pour avoir mis toute sa gloire, *et quelle gloire* ! à être l'empereur, le chef légitime de cette Révolution immortelle, qu'il *disciplinait, moralisait* et voulait invincible comme les principes qui l'inspirèrent : *l'humanité, la bravoure, la justice et l'honneur* !

Ce héros, chef de la *quatrième race*, renouait la chaîne des temps, c'était un gentilhomme et il y avait du jacobin dans ce gentilhomme... mais ce jacobin cependant n'oublia *jamais qu'il était gentilhomme*. Ce que la troisième race n'avait point su achever, il l'acheva avec l'aide de Dieu et de la nation française ; il s'y prêta de bonne foi, et ce fut le plus pur de sa gloire de quelque côté qu'on l'envisage ! S'il s'enivra de la gloire du champ de bataille, il y maintint toujours sa grande âme dans les régions les plus hautes ! Cette âme, fière et indomptable comme le destin, ne s'avilit jamais en passant sous le joug ignoble d'un prêtre étranger ! Non, si dans son ardeur *à renouer les temps* pour le bonheur de la patrie, il retourna vers Rome... que la Révolution d'ailleurs n'avait point su quitter... il ne livra point cependant la Révolution *à cette Rome maudite* ! Il fut de bonne foi et aveugle un moment, il revint vite, et pétrit la papauté de ses mains puissantes, comme il avait pétri le monde! Son erreur ne dura qu'un moment... et il ne livra jamais la Révolution, sa mère, à ce malheureux prêtre! Non, et s'il renoua la chaîne des temps. Sa grande âme de fer et de feu aurait voulu pouvoir couler dans le même moule gigantesque : *la gloire avec la liberté!... et il l'a fait!*

Qu'est-ce donc que cet immense arc triomphal qui domine Paris, la ville de la Révolution, *la capitale du genre humain, disait Gœthe.* Cet arc triomphal qu'il soit notre leçon, elle y est burinée par l'histoire! C'est le chant colossal de l'union qui se dresse, si nous voulons le lire et l'entendre : d'un côté *Napoléon*, de l'autre *la Marseillaise.* Voilà des emblèmes que le peuple n'a pas insultés dans sa démence! La *Marseillaise* a protégé Napoléon, que Napoléon protége aujourd'hui la *Marseillaise...* Cet arc triomphal, le plus grand comme le plus épique qui ait jamais existé dans la suite des âges, ne semble-t-il donc pas porter aux pieds de celui qui dirige les destinées du monde : *la gloire avec la liberté, ces deux pôles de la France?* Si Moscou pour le Russe est la ville sainte, Paris que sera-t-il donc pour la France? Et puis si nous franchissons l'arc triomphal, que trouvons-nous? *toujours la gloire avec la liberté, ces deux pôles de la France!* La colonne Vendôme et la colonne de Juillet! N'est-ce pas le génie de la gloire qui surmontait l'une, *ex œre capto?...* et n'est-ce pas le génie de la liberté qui surmonte l'autre, « élevée à la « gloire des citoyens français qui s'armèrent et combattirent « pour la défense des libertés publiques? » Et, ici encore, ces témoins qui semblent évoquer les âmes héroïques de nos pères ne devraient-ils pas nous rappeler à l'union et à la concorde? Et ne voyez-vous donc pas que si vous détruisez l'une de ces colonnes... *vous menacez l'autre*, et que vous ne pouvez pas plus enlever « Napoléon Bonaparte de la colonne Vendôme, « que vous ne pouvez enlever la *Marseillaise* de l'arc triom- « phal, et le génie de la liberté de la colonne de la Bastille?

Transaction, transaction, transaction !

Oui, sachons transiger pour ne point périr ! bonapartistes, républicains, gentilshommes, sachons transiger pour assurer le sort de la patrie !

Transigeons sous les auspices de celui qui a dit : « Tout pour « la patrie ! tout pour le bonheur, la grandeur et la gloire du « peuple français ! » Pour celui qui, en rappelant cinquante mille familles de nobles proscrits, voulut les rallier par là à l'ordre nouveau sorti de la tourmente inaugurée par la résistance du roi aux idées nouvelles, prises cependant dans cet Évangile qui est venu en quelque sorte exalter cette fierté barbare qui nous a rapporté le sentiment de la fierté humaine et de la liberté. Gentilshommes de France, est-ce donc à vous qu'il faut dire que *loyauté* n'est pas un vain mot de *parade*, « mais que la loyauté existe, et qu'elle est le seul digne d'appui du point d'honneur de nos pères ? ce point d'honneur que nous rendit Napoléon Bonaparte dans ce prestige radieux et adoré qui faisait lever des millions d'hommes en armes : la Légion d'honneur ! lui qui disait QUE LA PUISSANCE EST LIMITÉE PAR L'HONNEUR ! et qui perdit, dit-il, la France *par point d'honneur*, ne voulant point la laisser plus petite qu'il ne l'avait reçue ! !

La Révolution française, à y regarder de haut, n'est que l'explosion de la réforme du catholicisme en France, où il s'était gâté d'abord et ensuite perdu en s'éloignant de l'Évangile, que nous ne connaissons bien que grâce à Lollard, à Wiclef, à Jean Huss, à Zwingle et enfin à Luther qui le traduisit lui-même, et nous le révéla pour ainsi dire de nouveau.

Toute la question est là ! Il ne faut pas se lasser de le dire. La Révolution dans son essence voulait être l'application de la philosophie pure aux transactions humaines, et elle se rattachait par là au christianisme qui, *bien compris (et l'humanité a désormais entrepris ce travail)*, n'est que la plus sublime des philosophies, mise par des images aussi *sublimes que simples*, à la portée de *ces simples*, si grands parfois dans leur *simplicité* à faire le bien, et pour lesquels il était *censément prêché* !

La noblesse d'Angleterre a bien su *transiger* avec la réforme *et avec la Révolution, sa fille immédiate.* Pourquoi donc la noblesse de France ne saurait-elle le faire aussi ? Car il ne saurait y avoir évidemment « deux noblesses, » comme il n'y a pas sans doute « deux loyautés. » Remonter à la source du christianisme, ce n'est pas d'ailleurs le détruire..... bien au contraire, c'est le raffermir à jamais.

Bayart aujourd'hui, après la réforme, après le xviii° siècle, après la Révolution, serait-il le croyant aveugle que nous connaissons ? Il serait toujours, sans doute, le chevalier sans peur et sans reproche ! Mais pour rester *sans reproche*, il voudrait *rester loyal.* Et peut-on rester loyal en épousant et en faisant siennes *toutes les honteuses superstitions, toutes les querelles, et toutes les prétentions de la Rome papale* ??

Celui qui a dit d'adorer Dieu en *esprit et en vérité, n'a-t-il donc pas voulu bannir à jamais la superstition de la terre ?* Napoléon sur son rocher de Sainte-Hélène pressentait déjà ce que serait la Restauration ; il disait à Oméara : « Le désir que « nos ministres ont de rétablir le despotisme et la superstition « en France ne peut être agréable aux Anglais ! » lui qui disait aussi qu'il voulait établir en Espagne une constitution qui eût rendu la nation libre, *détruit l'inquisition, anéanti la superstition,* les droits féodaux et les priviléges.

Pensez-vous, gentilshommes de France, que Bayart eût résisté à l'ascendant de ce chef héroïque ? Il serait sans doute resté pieux... *mais d'une piété élevée...* pure de toute infâme superstition... La superstition après la Réforme, après le xviii° siècle, après la Révolution française, après l'Empire... elle est impossible, ou bien vous serez mis au ban du monde civilisé, pour avoir essayé de soumettre encore la France au joug honteux des rêves insensés de quelques malheureuses femmes hystériques. L'âme loyale de Bayart se serait vite rendue à l'évidence, et ce chevalier qui avait toute sa vie combattu pour *l'humanité, la bravoure, la justice et l'honneur,* aurait été fier de recevoir des mains du héros, chef élu de la France, cette étoile de l'honneur qu'il nous avait rendu, *l'honneur éclairé et indomptable du christianisme et de la philosophie.* « Garder une gloire et une piété pures de toute « superstition, » *Bayart, aurait pu et voulu l'accepter, cette transaction, vous, la refuserez-vous donc toujours??*

Et vous, républicains à quoi aspirez-vous donc? Trahis *trois fois* par la lamentable incapacité de vos chefs *en* 1830, *en* 1848 *et en* 1870! qu'attendez-vous donc encore? Depuis le jour où Napoléon Bonaparte a tiré quelque chose de vous en vous soumettant à une discipline de fer, qu'avez-vous donc fait, et qu'êtes-vous devenus? depuis que vous vous étiez écriés :

> Un homme enfin sort de nos rangs;
> Il dit : « Je suis le Dieu du monde. »
> L'on voit soudain les rois errants
> Conjurer la foudre qui gronde.

depuis le jour où l'abbé Sieyès, ce promoteur de 1789, s'écriant : « Il est jeune et déterminé; la politique, les lois, « l'art de gouverner lui sont aussi familiers que l'art de com- « mander une armée..... La République a existé ! » et où il répondait à ceux qui lui parlaient d'imiter Brutus : « Hélas ! « mes amis, nous tomberions après dans une situation plus « déplorable encore ! » Ah! n'y sommes-nous pas retombés que trop, *depuis lors,* dans ces situations déplorables? Nous avons commencé par les *deux Restaurations... de ce que vous savez* ! ! Et ensuite nous avons eu 1830, qui nous a donné..... *Louis-Philippe Ier,* et 1848, qui nous a donné..... la Commune de Juin... pour nous *ramener enfin* à l'Empire... que nous avons quitté, il est vrai, pour retourner aussitôt *à la Commune de Mai* ! NOUS AVANCIONS D'UN MOIS! ! ! Ne pensez-vous donc pas que nous serions heureux si un Napoléon Bonaparte

pouvait encore nous dire : « La France avait besoin d'un gou-
« vernement vigoureux... pendant longtemps je me suis trouvé
« placé entre les partis qui agitaient ma patrie; comme un
« cavalier assis sur un cheval fougueux qui veut toujours se
« cabrer et se jeter d'un côté et de l'autre, et qui, pour le faire
« marcher droit, est obligé de le tenir en bride. Il faut de
« toute nécessité qu'un gouvernement qui succède aux temps
« orageux des révolutions, qui est menacé par les ennemis du
« dehors et troublé par les intrigues à l'intérieur, soit un peu
« dur. Dans des temps plus calmes, j'aurais cessé d'être dic-
« tateur, et mon règne constitutionnel (nous ne l'avons que
« trop vu ce règne, hélas! sous Napoléon III, qui a vu les
« constitutionnels, les doctrinaires, les parlementaires et
« leurs valets, les chefs républicains de 1848 et 1870, lui re-
« fuser, à qui mieux mieux, des subsides pour maintenir la
« gloire, la grandeur et la prospérité de la France!!) eût
« commencé. Mon gouvernement tel qu'il était, avec une
« coalition qui me menaçait sans cesse, soit d'une manière
« ostensible, soit enveloppée des ombres du mystère, était
« encore le plus libéral qu'il y eût en Europe. »

Ces paroles ne sont-elles pas celles d'un homme qui avait
été destiné à gouverner son espèce??

Que sont donc vos chefs, *les uns stupides, les autres odieux*,
auprès d'un pareil souvenir??

Oseriez-vous nommer *les hommes de* 1830, *de* 1848,
de 1870? Un seul domine parmi vous, il est vrai, ces temps
par son génie, c'est BÉRANGER! et c'est lui qui a ramené le
second Empire!!

Mais le second Empire *a été vaincu comme le premier*, et
avant comme après leurs défaites, d'ailleurs, ces chefs imbéciles
dont vous ne devez maintenant que trop connaître *le tirant
d'eau d'honneur et de fidélité* (pour parler encore comme Napoléon Ier), ne vous ont pas empêchés *de voter toujours pour lui!*
Et puis, qui donc, *depuis le premier Empire*, a mieux tenu les

promesses de la République que le second Empire? Qu'ont fait vos chefs en 1830 pour les peuples frémissants à la nouvelle des trois journées?... *Rien!* Et qu'ont fait vos chefs en 1848?... *Un programme : pacte fraternel avec l'Allemagne,* Italie libre! Pologne indépendante! *Assurément, sauf le pacte fraternel avec l'Allemagne, avant qu'elle ne nous eût rendu nos frontières* du Rhin, c'était là un programme digne de la France! *Malheureusement ce fut un programme aussi creux que le cerveau de ceux dont il était sorti!*

Républicains, qu'aimez-vous donc dans la République? « La hausse des salaires, et rien de plus, mais absolument rien de plus, » me répondent les adeptes de Proudhon. Eh! mes amis, comment se fait-il donc que ce programme insensé (*pour vous!*) n'ait pas même *été effleuré...* et que les salaires n'en aient cependant pas *monté davantage...* bien loin de là... *comme chacun sait?*

Républicains, vous m'embarrassez! Pourquoi vous laissez-vous donc toujours fanatiser par des factieux et des intrigants du plus bas étage? Que sont donc vos chefs? Qu'apportent-ils donc de nouveau au monde? On disait autrefois, du temps de la reine Berthe, je suppose, que républicain voulait dire un homme austère et intraitable, à l'âme haute, fière et noble, vivant par la pensée plus que par le corps, quelque chose enfin comme *ces pères conscrits du sénat romain :* vengeurs de l'équité et blanchis dans la pourpre et dans la pauvreté; des hommes qui pensaient à la grandeur de la patrie! Comparez donc un peu à cela, s'il vous plaît, vos triples gueux de chefs : chefs d'hier, ou chefs bourgeois nouvellement acquis... vous verrez que tous ces gens-là n'ont de grand que le ventre et ne pensent qu'à bien manger! Aussi ils ne vous parlent que de l'augmentation des salaires. Il s'est trouvé un ouvrier aussi vil qu'eux : Proudhon! et ils vous ont tous troublé le cerveau, vous vous êtes faits tous économistes à la Proudhon. *Vous voulez économiser pour vous et non pour*

la patrie! Vous dites, non, vous répétez, ce qui est bien pis :
« Fi donc de la gloire! nous en sommes bien revenus, ce n'est
« pas nous que l'on dupe! Que tout soit à bon marché, excepté
« *notre temps*, car nous voulons tous être bien payés, logés,
« nourris, vêtus, et ne plus nous occuper de ces sornettes :
« l'humanité, la bravoure, la justice et l'honneur! » Mais,
mes maîtres, *vous n'êtes plus des républicains... vous êtes
des bourgeois*!!! Oui, vous avez fait tomber la République
en bourgeoisie... c'est bien pis qu'en quenouille! et puis
vous vous plaignez, *ce n'est pas juste*! prenez-vous en donc
à cette........ que vous avez prise pour chef... ha! ha! vraiment, vous êtes bien plus dupes *encore que vous ne com-
mencez à vous en apercevoir*!!!

Vous êtes moins vils que vous ne pensez! vos chefs vous ont
mis trop bas... laissez leur en donc le mérite! avez-vous
donc renversé la noblesse pour permettre à l'ennemi d'en
finir avec la France? Mais si cela continue, avec ces chefs de
hasard que vous avez ramassés partout, on dira : « On ne peut
« plus rien obtenir du Français, même par l'appât du gain! »
et nos ...... souriront dans leur mâchoire, *car ils aiment les
choses déshonorées, ces adeptes de Talleyrand et de Fouché*!

Un Napoléon est venu et a accompli une partie de ce programme que vos tristes chefs ont laissé à l'état de lettre
morte... *Il a délivré l'Italie... malgré le grand Cavaignac et les
gens prudents du* National *et du* Siècle... *et vous lui en voulez... Est-ce jalousie ou mépris? Qui le saura? Avec votre sou-
quenille de bourgeois*, on ne sait jamais à qui l'on a affaire!
J'ai été parfois tenté de croire que République cela voulait
dire : « la veillée des armes pour arriver à être bourgeois,
« à avoir *pignon sur rue*... et à salir le pampre et les roses! »
comme dit la chanson! Si l'Italie est libre des Alpes à l'Adria-
tique, à qui le devons-nous? — A la Prusse! me répond un
Cavagnaquiste. — Tout autant, au moins, qu'à la République,
tête intelligente autant qu'exaltée! et qui sait, peut-être un peu

aussi à Napoléon III, le malheureux et généreux Empereur de cette France héroïque et légère, qui ne semble jamais bien savoir ce qu'elle veut.

Transaction! transaction! transaction!

Non, mille fois non, Napoléon III n'est pas si noir qu'on le fait. Il a puisé dans le sang des Napoléon : *l'idée, le devoir de faire de grandes choses.* C'est la faute de vos chefs de malheur *s'il est devenu Empereur* à mesure que vous deveniez bourgeois. *Il a suivi sa tradition, tandis que vous désertiez la vôtre!*

Mais non, il ne me convient point de vous en trop vouloir, de trop vous rapetisser. C'est une querelle d'amant et de maîtresse... *vous avez comme un remords... et vous ne voulez pas le montrer* : « Ah! nous aurions mieux fait que cela! — « Il fallait le faire! »

Et dire que voilà *trois fois* que nous voyons vos chefs à l'œuvre, et que votre, *et notre,* aplatissement va toujours de plus en plus fort, tout juste comme chez Nicolet! Mais laissez-vous donc gouverner, mes maîtres, puisque vous êtes complétement incapables de vous gouverner vous-mêmes, et de savoir au moins choisir quelques chefs simplement imbéciles, oui simplement... car vous savez, et vous saurez de plus en plus, que vous nous avez donné *mieux que cela*! Vous nous faites un peu l'effet de ces ouvriers, vos malheureux adeptes, qui, fanatisés par l'idée du salaire, le demandent toujours *plus haut, plus haut, toujours plus haut,* pour ensuite rosser leurs femmes et planter là leurs malheureux enfants... Il semble que votre salaire à vous, ce soit la République... Et que de fois, malheureusement, je vous ai déjà entendus dire : « Elle est proclamée! » Et puis aussitôt... *vous la rossez comme vos adeptes rossent leurs femmes et leurs enfants!* Mais que ne bernez-vous donc plutôt les malheureux chefs que vous vous donnez? cela les dégoûterait peut-être à la fin de ce honteux métier de faiseurs de dupes!

César, après Pharsale, disait aux républicains de son temps :

« Si vous n'avez su vaincre, apprenez à servir. » Mais ici, il ne s'agit point de cela ! Et qui pourrait donc faire l'injure à Napoléon de le comparer à César, ce corrompu chauve et infâme, voleur du trésor public, profanateur du temple et de Rome ; à lui, méprisant l'or et l'amour vénal, et ne brûlant, sous le ciel de l'Italie, de l'Égypte, de la France et de l'Europe, que du plus pur amour de la gloire ?

César est un héros païen ! Napoléon Bonaparte est un héros chrétien, il ne respire que l'humanité, la bravoure, la justice et l'honneur. Tout le programme *des anciens chevaliers ! des anciens républicains ! de ceux qui sont morts avec... Caton !* Combien en comptez-vous dans vos rangs ? Et le lâche de Sedan n'est-il pas mort avant tous ces chefs héroïques du siége de Paris qui avaient fait le serment de mourir tous... JUSQU'AU DERNIER !

Transigeons ! transigeons ! transigeons !

Mazzini, un des vôtres, dont la devise cependant était : « Dieu et le peuple ! » (car, chez les étrangers, il y en a même parmi vous qui ne peuvent encore se ravaler au plat niveau de MM. Proudhon, Littré, Jules Simon ou Thiers) disait : « Un plébiscite seul peut détruire un plébiscite. » Mais cet homme est-il une autorité pour vous ? cependant Mazzini, Cavour, Ratazzi président, vous le savez, pour l'Italie, a la renaissance de ce peuple que le sang de la France a été racheter. Eh bien, procédons à un plébiscite, et qu'il prononce définitivement entre nous tous : républicains, royalistes, impérialistes. Depuis 1789, depuis la Révolution française, et depuis la réforme (le christianisme) qui l'a précédée, l'homme semble avoir définitivement pris possession de son empire : la terre que nous habitons. Car c'est le Christ qui est venu le premier dire à l'homme : « Lève-toi, mon frère! » et, à la 1804ᵉ année de sa venue, Napoléon Bonaparte a dit aux Francs, *et non pas le premier, car d'autres le leur avaient dit avant lui* : « Votez, et voyez si vous me voulez pour chef, moi et ma race? » Et la nation répondit : « Oui ! » Et un seul après lui osa encore poser cette question aux Francs, et *c'était son héritier prévu par un décret impérial*, et la nation répondit encore tout d'une voix : « Oui, oui, nous te voulons pour chef, toi et ta race ! » comme nous avons voulu, quand on nous consultait tous jadis, *lorsque nous étions encore possesseurs d'alleuds*, et que nos rois disaient, après le champ de Mars ou le champ de Mai : « Ego Childebertus rex, una-cum consensu et voluntate Francorum. — Moi, Childebert, roi de par la volonté et le consentement unanime des Francs. » Et c'étaient là les rois de la *première race*. Et ceux de la seconde disaient : « Dans le cas où il y aurait incertitude sur le droit des différents compétiteurs, celui d'entre eux que le peuple choisira succédera à la couronne. » Et celui qui parlait ainsi c'était notre Empereur Charlemagne *dans ses capitulaires*, lui, le chef de la seconde race. Et longtemps nous avons *protesté* contre les chefs de la *troisième race;* nous disions : « Deo regnante rege expectante... regnante Jesu Christo, Francis autem contra jus regnum usurpante Ugone rege ! » Les chartes disaient donc alors à peu près ce qu'on dit aujourd'hui à la Chambre : « Rege expectante ! » en attendant un roi ! Lequel sera-ce? N'est-ce pas à nous tous à le décider? Ou voulons-nous donc encore retomber dans les mains de cette troisième race qui disait aux parlements : « Adveniente principe cessat magistratus. »

Les capitulaires, eux, disaient mieux :

Il est ordonné « que lorsqu'il s'agira d'établir une nou-« velle loi, la proposition en sera soumise à la délibération « du peuple, et que, s'il y a donné son consentement, il la « ratifiera par la signature de ses représentants. » Et Napoléon Bonaparte ne nous a-t-il pas dit à Sainte-Hélène : « j'avais « l'intention et le désir de faire disparaître tout ce qui avait « été établi depuis Charlemagne. »

Depuis que la représentation du département de la Seine

a brisé le dernier plébiscite, vous vous croyez en République.. *Mais vraiment nous ne sommes qu'en Révolution* ! Il n'y a en effet que deux droits en présence : le 'droit populaire et le droit divin. C'est la capacité et la force qui rendent le droit... *divin, et le peuple y donne bien vite son consentement.* C'était le premier Empire, *et aussi le second,* relativement à tout ce qui l'avait précédé, *et plus encore, si l'on en peut parler, relativement à ce qui l'a suivi, et le suivra peut-être encore.* Depuis Napoléon Ier, c'est sous Napoléon III *seul* que la France a compté en Europe. Aujourd'hui que voyons-nous ? *La division dans la médiocrité et la prétention* ! Nous savons tous et nous voyons tous à quel point *est ridicule et faible* le droit divin d'un prince qui s'appuie sur toutes les superstitions du passé, et qui voudrait nous atteler au char *du dernier pape,* le lendemain du *Syllabus,* de l'immaculée conception et de l'infailli-bilité ! et il semble vraiment que la France va sombrer dans l'imbécillité et le ridicule.

Napoléon disait un jour, à Sainte-Hélène : « Dans un temps, « j'avais envie d'ôter au pape *son pouvoir temporel, d'en faire* « *mon aumônier,* et de faire de Paris la capitale du monde « chrétien. » Il disait aussi un jour : « Si j'avais été mon petit-« fils, j'aurais rétabli ma fortune au pied des Pyrénées ! » Il sentait son prestige *et sa force à venir...* cette légende qui va tous les jours *grandissant* au lieu de s'éteindre ! Eh bien, ce petit-fils existe : C'est Napoléon IV !

Nous avons déjà vu que l'Empereur Napoléon III, en mou-rant, *lui a recommandé la lecture de la correspondance de Napoléon Ier, du Mémorial de Sainte-Hélène, et lui a rappelé que la cause des peuples doit être toujours la cause de la France* !

Cette lecture, et nous devrions tous la faire, autorise la France à dire que si Napoléon IV sait être fidèle à la volonté de son grand aïeul et de son père, *il sera l'homme de son siècle.* Tous les éléments d'une grande transaction sont dans

le Mémorial de Sainte-Hélène. Quant à la question religieuse, il faudrait, sans s'occuper davantage du ridicule autant qu'impuissant parti légitimiste, prendre pour aumônier
le père Hyacinthe, *ou tout autre prêtre marié*, et savoir s'al-
lier *avec l'Italie* (*l'œuvre de son père*) *et l'Espagne*, (l'Espagne ! question immense ! disait **M. Berryer**; l'intérêt perpétuel
pour la France, c'est l'union des deux pays) pour reconquérir les
frontières naturelles de la France : le Rhin, les Alpes et les Pyrénées ! Son père a déjà repris celle des Alpes, il lui reste donc
à prendre celle du Rhin : *les bouches du Rhin et de l'Escaut !*

Napoléon disait de l'Espagne : « J'aurais régénéré les Espa-
« gnols ; j'en aurais fait une grande nation en place de la race
« faible et superstitieuse des Bourbons, je leur aurais donné une
« nouvelle dynastie qui n'aurait eu aucun droit sur la nation
« que le bien qu'elle lui aurait fait ; elle aurait relevé la
« nation, courbée sous le joug de l'ignorance, de la supers-
« tition et de la puissance sacerdotale, aboli l'inquisition
« et fermé les monastères de ces paresseux *bestie di frati.*

« J'aurais au moins détruit l'influence dangereuse des prê-
« tres. Les guérillas, qui se sont battues contre moi avec tant
« de bravoure, déplorent maintenant leur succès. La dernière
« fois que j'étais à Paris, je reçus des lettres de Mina et de
« plusieurs autres chefs qui me demandaient des secours pour
« chasser leur moine du trône. » « Ce Ferdinand, dit-il autre
« part, est incapable de se gouverner lui-même, et à plus
« forte raison de gouverner la Péninsule. »

Napoléon disait encore : « Je désirais déposséder les Bourbons
« d'Espagne, à qui je supposais raisonnablement et nécessaire-
« ment les mêmes intentions à mon égard. Il importait assez
« peu à mon plan général que ce fût un de mes frères, ou
« toute autre personne, qui fût placé sur ce trône, pourvu que
« j'en écartasse les Bourbons. » Aujourd'hui cette œuvre est
plus qu'à moitié achevée ; *allions-nous à l'Italie*, et bientôt
le roi Amédée, de retour en Espagne, signera le traité de la

TRIPLE ALLIANCE qui doit nous assurer nos frontières du Rhin : les bouches du Rhin et de l'Escaut ! !

Mais j'entends qu'on me crie : « Ce programme est à vous, et il est... ! » Moins de violence, ô banquiers, ô fabricants, ô doctrinaires, ô parlementaires, ô républicains de 1848, et 1870 ; il est, *vous venez de le voir*, dans le Mémorial de Sainte-Hélène, dont Napoléon III A RECOMMANDÉ LA LECTURE A SON FILS... *Il n'est donc pas de moi*. Moi, je suis *simplément peut-être*, mais simplement *le serviteur de ce programme seul ! ! !* La République, *en Espagne et en France*, il me semble, *pourrait bien aussi l'accepter*... elles doivent commencer à en être revenues de tous ces charlatans, de tous ces Castelar, Pi y Margal et autres Favre, Simon, Thiers, Picard, Rochefort, Garnier-Pagès, etc., etc.

On me dira peut-être : « Vous avez dit : *transaction* ! Laissez donc ces hommes du passé... *ne vous occupez que de l'avenir*. Je ne le puis, ce ne serait ni vrai, ni juste ! Si, se faisant justice, *ils avaient tous su disparaître de la scène*, oui, on pourrait les oublier ; s'ils avaient su *au moins imiter le général Trochu*. Mais ils parlent *et jugent encore, comme s'ils en avaient gardé le droit*... ils ont osé dire... *ils disent encore...* EUX ! ! « Ce lâche de Sedan qui n'a pas su mourir ! » Et vous voudriez que ce jugement ne fît pas bondir la moindre âme qui aurait gardé quelque notion du juste et du vrai ? Oui, je le sais, il y a quelquefois des ennemis qui vous obligent à les respecter. Je prendrai Barbès ; il disait, celui-là : « Depuis 1815, nous sommes les vaincus de l'Europe. » Et sur ce simple cri, arraché au patriotisme, Napoléon III *le faisait aussitôt mettre en liberté !* Mais voudriez-vous donc me voir épargner ceux qui déjà bafouent le mot sacré de revanche ? ? cette école des Talleyrand, qui ne pense qu'à se gaver d'or et des ignobles jouissances qu'il apporte... et qui fait profession de rire de ce qu'elle ne comprend pas : l'amour de la patrie et l'amour de la gloire ! Ces drôles, par des chemins divers, arrivent à se confondre avec le plus crapuleux socialisme, et leur dernier mot est aussi : « La religion de la nature, la loi du plaisir, la communauté (il vaudrait mieux dire le vol) des biens et des femmes ! » Ils n'ont point de loi, ils n'ont point de frein ! et ils bafouent tous ceux qui acceptent une loi, un frein, un joug... ne voyant pas peut-être... eux, *les pourceaux*, qu'ils plient sous le joug de leur âme immonde, incapable de tout dévouement comme de toute affection et qui, *comme son chef, vendrait son fumier pour de l'or !* Il faut que le règne de cette école finisse, ou nous sommes perdus comme nation ! et le devoir strict est de démasquer ces drôles, *partout où ils se trouvent, et d'arracher tous les masques !*

Le pays, ou plutôt *ce qui nous en reste*, est désormais maître de lui-même, à lui de tracer ses destinées..... la Révolution française, après avoir appelé *tous les hommes à la liberté*, devait les appeler aussi au suffrage. *Elle ne pouvait pas faire moins, c'était le couronnement de son œuvre.* Et si tous les hommes ne sont pas assez éclairés, instruits..... *honnêtes*, pour voter en connaissance de cause, raison de plus pour essayer de les avertir, en nous fiant d'ailleurs à ce que Dieu a su mettre dans le cœur de chaque homme, *simple ou supérieur, pour le ramener s'il s'égare trop !* Il semblerait, à voir certains hommes, qu'à mesure qu'ils sont arrivés *à satisfaire leurs intérêts, il se sont éloignés de leurs devoirs comme d'autant de préjugés gênants.* La soif du gain semble avoir détruit chez eux le scrupule. *Serait-ce donc le dernier mot de la civilisation ??* Mais non, car nous voyons que ces hommes, heureusement, ne sont que l'exception, et que le monde *continue ou reprend toujours sa marche..... grâce à la moralité et à la patience du plus grand nombre !* Et qui le saura donc mieux que la France ? N'a-t-elle pas toujours été sauvée par quelques-uns de ceux *qui se sont trouvés dans ce grand nombre*, et qui ont balayé les exploiteurs de la crédulité publique, pour ramener la nation aux idées nobles et éternelles : *Dieu, l'honneur et la patrie ?*

Napoléon a été un de ces hommes..... et si la nation lui a remis le pouvoir, c'est qu'alors déjà, et bien plus encore qu'aujourd'hui, car c'est lui-même alors qui le disait : « Nos dernières épreuves sont au-dessus de toutes les forces « humaines ! » elle avait déjà senti la nécessité de se préserver de l'ambition des intrigants vantards, incapables ou voleurs, qu'attire toujours le mirage du *pouvoir public*, dont ces malheureux ne savent pas se servir et qui les écrase, tandis que les voleurs *l'exploitent à leur profit*..... trop heureux encore quand *ils ne partagent pas*..... ce qu'ils appellent, eux..... DE LA GLOIRE !!!

Mais aujourd'hui la cause de la civilisation est désormais gagnée..... qui peut le savoir mieux que la France, à qui *il reste encore un Napoléon à mettre sur le pavois*, pour se préserver des charlatans, des lâches et des voleurs, que nous avons vus se disputer hier le pouvoir, comme on les avait déjà vus le faire sous le Directoire et en 1848 ?

Et la France et Napoléon, qui ont été si souvent au péril depuis Valmy, en passant par Arcole, Waterloo, Magenta, Solférino et Sedan, ne seront-ils donc point à l'honneur ??? Oui, sans doute, de grands jours leur sont encore destinés, mais il faut que le passé nous serve de leçon ; il faut nous discipliner, discipliner la liberté ! Point de liberté sans discipline, point d'armée sans discipline, et sans liberté et sans armée point de nation ! Et puisque la base de notre état social actuel est le *suffrage universel*, *n'est-ce donc pas à lui* que nous devons IMMÉDIATEMENT nous adresser pour trancher la question de gouvernement qui nous divise ? Cette question est pendante... depuis le 4 septembre, *depuis trois ans !* et l'on peut cependant dire *qu'elle n'a pas fait un pas*. L'on ne sait encore comment le gouvernement de la France se nomme, et la question a toujours été *réservée*. On comprenait encore cette *réserve* lorsque l'ennemi occupait une partie du territoire; aujourd'hui on ne la comprendrait plus : il faut maintenant que cette question soit tranchée *par le souverain* : LE SUFFRAGE UNIVERSEL ! Pour se soumettre à un gouvernement, il faut savoir son nom, et l'affectation qu'on a mise *à réserver* cette question nous en a d'autant plus fait sentir *toute l'importance.* Il y va de l'avenir du pays. Nous devons savoir à quelle forme de gouvernement nous devons nous soumettre..... *et c'est à nous seuls à en décider !* Il est impossible d'admettre, *et cela d'ailleurs est acquis au débat,* que les quelques députés qui sont restés à Paris, après le 4 septembre, ont pu se prononcer, *au nom de la France,* sur la forme définitive de son gouvernement. Leur honteuse incapacité suffirait d'ailleurs à mettre en doute la forme de gouvernement qu'ils ont adoptée. *Et puis, qui donc n'a pas entendu les républicains sincères dire qu'ils ont déshonoré la République?* Mais, encore un coup, là n'est pas la question, puisque le premier mot de la représentation nationale a été *de la réserver.* Et, depuis lors, qu'avons-nous vu ? *nous avons vu la discorde régner dans l'Assemblée !* Et cela devait être, car dans une assemblée où *chacun réserve l'avenir,* il est impossible de s'occuper *sérieusement* des questions vitales qui doivent l'assurer. Que faire, en effet, lorsque l'on sait que tout ce que l'on fait *est provisoire,* et que tout dépendra de la forme de gouvernement qu'on établira..... *plus tard ?* Et jamais nation cependant n'a eu peut-être plus besoin de voir ses représentants prendre DES RÉSOLUTIONS VIRILES !

Dans un premier moment d'emportement irréfléchi, acceptant un fait dont elle repoussait loin d'elle les conséquences, l'Assemblée, empiétant sur le suffrage universel, qui ne s'est point encore prononcé, a proclamé, disons mieux, accepté la déchéance de l'Empire, proclamée par les treize personnes sorties de l'émeute du 4 septembre. Mais cela n'a servi qu'à *augmenter les difficultés du moment, sans satisfaire personne,* car en donnant cette satisfaction *apparente* aux gens du 4 septembre, on repoussait *sotto voce* la forme de gouvernement *qu'ils avaient imposée à la France*..... *et on réservait absolument, on ne saurait vraiment trop le répéter* : « la question pour l'avenir ! » *et l'ex-employé du 4 septembre, devenu chef du gouvernement, nous disait* : « Je vous affirme « sur l'honneur qu'aucune solution frauduleuse ne sera pré- « parée à l'insu des uns et des autres. »

Ce procès aujourd'hui a été plaidé pendant trois bien longues années devant la nation. A elle de le trancher, car autrement, qui ne voit que nous périrons dans les dissensions vides qui ont déjà vu tomber Byzance ?

Pensez-vous donc qu'un pays habitué à trancher lui-même les questions qui touchent à la forme du gouvernement, acceptera jamais celui qui n'aurait obtenu à la Chambre que les quelques voix constituant les majorités d'occasion ? Nous avons déjà essayé ces gouvernements, nous connaissons leur fausseté, leur bassesse, leur médiocrité et leur faiblesse ; ce sont les deux Restaurations et le règne de Louis-Philippe. Et aujourd'hui que toutes les vieilles médiocrités qui forment le résidu de ces partis fusionnés se préparent à nous donner un gouvernement définitif, vous pensez que la France va accepter un gouvernement de cette trempe ?? Non, jamais ! Le pays, habitué à trancher cette question, n'entend pas qu'elle soit tranchée... frauduleusement par une Chambre qui a d'ailleurs l'immense désavantage d'avoir été élue pendant que l'ennemi occupait encore le territoire. Et puis, quelle serait donc, y a-t-on pensé, l'attitude d'un gouvernement qui aurait eu cinquante voix de majorité *à la Chambre*, contre une dynastie qui a toujours compté, elle, *par millions*, sa majorité dans le pays ? Ce gouvernement ne serait pas ne viable ; il vivrait toujours sous le coup de la menace d'*un appel au suffrage universel!!* Un gouvernement capable, qui ne voudrait pas être une piteuse aventure, n'accepterait jamais en nos temps de pareilles conditions d'existence ! Il faut aujourd'hui oser affronter le *suffrage universel...* et le gouvernement qui n'ose pas l'affronter est condamné par cela seul, car il avoue qu'il craint le verdict du pays. L'avenir est à ceux qui oseront *consulter le pays* ! Et comment se fait-il donc que la légitimité, qui parlait sans cesse, naguère, d'appel au peuple, non-seulement n'en parle plus aujourd'hui, mais encore fait disparaître en silence cette étiquette menteuse de l'en-tête de ses journaux les plus dévoués *(la Gazette de France)* ? Ne serait-ce donc pas parce qu'elle a découvert enfin que jamais le pays ne se prononcerait pour elle, et que le grand nom de Napoléon écrasera toujours le nom des Bourbons dans les scrutins de la France ? Et que la République y prenne garde, s'obstiner pour elle à refuser au moins la sanction de ce *suffrage universel* dont elle prétend avoir assuré la possession au peuple en 1848, c'est se fermer l'avenir... c'est déclarer qu'elle ne peut s'imposer que par la force et non par la conviction, et qu'elle se réclame aussi d'une espèce de droit divin, toutes choses qui jurent étrangement non-seulement avec ses principes, qui *n'admettent point de Dieu*, mais encore avec cette grossière impudence, cette audace menteuse de ses coryphées qui affectent toujours de dire, avec l'assurance de fronts qui ont appris à ne plus rougir, QUE LA RÉPUBLIQUE EST LE GOUVERNEMENT PRÉFÉRÉ DE LA FRANCE !

Et puis, d'ailleurs, la France a-t-elle donc le temps de se consumer encore en vaines querelles ?? Ne faut-il pas quelqu'un au gouvernail de ce vaisseau, battu par la tempête, qui s'appelle la France ? On nous répondra : « Mais un nom à un gouvernement ce n'est pas tout ! » Non certes, ce n'est pas tout ; mais lorsque c'est de l'urne du suffrage universel que sort ce nom, il me semble qu'il ne manque pas d'une certaine majesté et d'une certaine force ! Et puis, c'est la manière la plus honorable (car on n'achète pas le *suffrage universel*), la plus prompte et la plus facile de nous compter. Et le gouvernement qui l'emporterait serait ainsi à même de connaître la force des partis et d'en tenir compte... ce qui est tout bonnement l'art de gouverner. Et la manière la plus loyale, la plus franche, la plus française de voter, serait de voter à bulletin ouvert. Que le républicain, que le légitimiste, que le bonapartiste puissent marcher la tête haute au scrutin qui doit décider de l'avenir du pays ; et malheur à celui qui oserait attaquer le résultat du suffrage universel, quel qu'il soit ! Quant à moi, je ne m'en cache pas, je compte bien qu'il nous ramènera l'Empire, qui, malgré toutes ses fautes, ses crimes si l'on veut, me paraît bien supérieur à tous les gouvernements, et ce n'est vraiment pas dire beaucoup, qui l'ont précédé ou suivi. J'écrirai donc sur mon bulletin : EMPIRE ! ! !

Oui : EMPIRE ! et voici pourquoi (on ne saurait trop le répéter) : Depuis 1789, nous n'avons eu de gouvernements stables et glorieux que les deux Empires, celui de Napoléon Ier et celui de Napoléon III. C'est sous les Empires seuls que nous avons compté en Europe et dans le monde ! Que sont donc en comparaison du premier Empire les pitoyables années des deux Restaurations ? et, en comparaison de Napoléon III, les ignobles années du règne de Louis-Philippe, et les glorieuses Républiques de 1848 et de 1870, qui ont si bien su, elles au moins, faire les affaires du peuple en juin 1848 et en mai 1870 ??

Napoléon III a pris la France, en 1852, au moment où elle allait tomber dans les mains des hommes du 4 septembre et de la Commune de Paris ! vraiment on ne remarque pas assez cela ! Il a aussitôt fait taire quelque temps la presse pour permettre au pays de *reprendre ses sens et ses idées ;* cette presse qui n'est encore aujourd'hui, sauf *quelques journaux fanatiques* et quelques petites Eglises idiotes, qu'une ignoble boutique, et la plus vile de toutes, *puisqu'on y vend des idées.* Il a rassuré les intérêts, créé une armée, car il n'a jamais, lui, séparé ces ceux choses, et il est rentré alors *par la grande porte* dans le concert des grandes puissances ; et la charge d'Inkermann a été en quelque sorte la plus noble revanche qu'on pût tirer de Waterloo! Mais ce n'est pas tout : après avoir donné à la propriété, à la richesse du pays, au bien-être de toutes les classes, un essor inconnu jusqu'à lui, il a voulu demeurer digne du gouvernement de cette France qui s'était donnée, *qui s'était abandonnée* à son grand nom. Il a voulu résumer dans une action éclatante et noble, cette nouvelle alliance des Napoléon et de la France, et il a, à la face de l'Europe et de l'Angleterre déroutées, éperdues et muettes, jeté une armée au delà des Alpes et relevé la Niobé des nations : l'Italie! Voilà assurément le plus grand acte des temps modernes, et je dirai même, de l'histoire! Qu'on me cite un fait pareil?

Mais aujourd'hui, je le sais, je l'ai lu, il y a des gens qui disent que le plus grand acte des temps modernes, « c'est « d'avoir trouvé les cinq milliards de la défaite pour les Prus- « siens! » Ces gens-là confondent évidemment, comme M. Thiers, les mots grand acte et grande somme! C'est le montant de la somme d'argent qui les écrase! et tel qui proclame beau pour la France Impériale, le pays le plus riche de l'Europe, d'avoir acquitté une dette de cinq milliards, malgré toutes les banqueroutes faites à l'honneur national par les chefs de la République, du *parlementarisme de la doctrine*, aurait trouvé insensé de consacrer un farthing de surplus à l'entretien, je ne dis pas naturellement à l'augmentation, puisqu'il s'agit de ces gens-là, de l'armée française!

Et puis c'est toujours cet homme : « si petit par la taille, si grand par le génie et les milliards de la défaite, » que nous trouvons au fond des fautes de l'Empire. Il semblait vraiment que c'était ce petit dieu de la bourgeoisie, « ce perroquet insé- « parable de M. Guizot, l'homme de Gand, » qui devait perdre l'Empire par sa remuante médiocrité... comme il avait perdu déjà Louis-Philippe, la République de 1848, et comme, heureusement, il est en train de perdre celle de 1870 ! C'est lui qui est venu se jeter au travers de cette guerre d'Italie, et qui nous a empêché d'en recueillir les fruits... « à cause

« des intérêts temporels de la papauté » qu'il est venu défen-
dre avec M. Berryer et les *commis* de l'Empereur ! Et la
bourgeoisie, ahurie toujours à la voix piaillarde de son petit
dieu, a voté le *jamais* fatal qui empêchait Victor Emmanuel
de précéder à Rome Garibaldi, comme il l'avait naguère, grâce
à Napoléon III, précédé à Milan ! Et, du même coup, l'alliance
de l'Italie, cimentée à Melegnano, à Magenta, à Palestro, à Solférino, était brisée... et l'Empire aussi était brisé ! Déjà l'Empereur avait cru devoir faire brusquement la paix après Solférino, sous le coup des armements de cette Prusse qui disait alors
que les frontières de l'Allemagne étaient à Vérone et à Man-
toue ! (ce que l'Italie fera bien de ne jamais oublier !) et lorsque
la Prusse eut pris ce qu'elle appelle ses vraies frontières, le
Sleswig et Francfort, l'Italie se tourna vers cette Prusse désormais puissante et lui demanda d'assurer cette existence qu'elle
devait à la France... qui désormais, dans ce grand duel du
pape et de l'Italie, se prononçait, elle, la grande France de
la Révolution et des Napoléon... pour le pape ! Jours à jamais lamentables, inconséquence et légèreté de la France,
vous voilà bien.

Qui ne se rappelle cette niaise Académie française faisant
elle aussi du libéralisme avec... le pape : M. Cousin coque-
tant avec M. Dupanloup ! On nous préparait déjà cette fusion
dont on avait en quelque sorte jeté les bases dans le manifeste de Nancy, l'Union libérale, la Ligue de la paix et *l'Elec-
teur libre.* Mais n'oublions pas cependant que si Magenta et
Solférino sont l'œuvre de Napoléon III seul, « la gloire de
Mentana est partagée par M. Thiers, le petit dieu bourgeois
nasillard, M. Berryer, M. Guizot, l'homme de Gand, l'Académie française et toutes les fortes têtes de la fusion monarchique ! » Et cette gloire de Mentana devait nous coûter bien
cher, et elle était bien triste cette malheureuse et sotte revanche de Sadowa. C'est ce que j'appellerai le crime de l'Empire ! Ainsi s'évanouissaient les espérances de cette généreuse

France ! L'alliance italienne était brisée ! et l'Italie n'appelait plus désormais la princesse Clotilde, fille du héros son roi, qu'Iphigénie !

Et cependant quelle destinée nous était réservée, si un peu de tête avait présidé à toute cette noble et généreuse politique de l'Empereur ; si elle avait su toujours se tenir aussi éloignée de la platitude bourgeoise de M. Thiers, de la fausseté jésuitique de M. Berryer, que de la sottise fusionnée des académiciens !

Victor-Emmanuel entré à Rome avec l'appui de nos armes, nous donnait deux ou trois cent mille hommes pour marcher avec nous sur le Rhin et y protéger à la fois la *France*, l'*Italie* et l'*Espagne*, où devait régner un jour son fils Amédée ; et le drapeau de Jemmapes, de Fleurus, d'Arcole, de Marengo, d'Austerlitz, d'Iéna, de la Moskowa, de Waterloo, de Malakoff, de Magenta, de Solférino, flottait désormais *pour toujours* sur la frontière sacrée, entre les deux drapeaux tricolores ses frères : les drapeaux tricolores de l'Italie et de l'Espagne, et ils saluaient ensemble, à l'avant-garde, l'aigle blanc de Pologne, tombé, mais non mort, sur la poussière des champs de bataille !

Oui, *je voterai pour l'Empire !* car voilà ce que l'Empire nous promettait, sans la bassesse bourgeoise, la fausseté jésuitique et la bêtise académique !!! et ce qu'il peut nous rendre demain...

Il faut que l'Empire se remette à l'œuvre... et qu'il remonte au gouvernail en sachant bien que ceux qui l'ont perdu ce sont les bourgeois, les jésuites et les académiciens. Aujourd'hui heureusement *ils ont fusionné*, et, espérons-le, s'en débarrasser sera *moins difficile*. Quant aux républicains, sa gloire, comme celle de Napoléon Ier, sera de les avoir REMPLACÉS ! Ne les avons-nous pas vus, *comme à plaisir, déserter la cause de la patrie ?* Ne se sont-ils pas perdus dans un niais cosmopolitisme, dans une lâche humanitairerie qui les a menés à sangloter dans le jabot de M. le prince de Bismarck, ce Teuton farouche,

encore tout étonné d'avoir vaincu si facilement la FRANCE !!! et
déjà si inquiet, lui l'homme politique par excellence, sur les
suites de ses victoires... si jamais nos querelles venaient à
cesser, ces querelles qu'il appelle si bien des querelles de
coqs, et si jamais, la main dans la main, « pieds nus, sans
pain, sourds aux lâches alarmes » nous courions encore à cette
frontière en poussant le cri sacré de :

REVANCHE!

Le Rhin lui seul peut retremper nos Armes !

BÉRANGER.

Paris 19 janvier 1814.

« La chose sur laquelle l'Empereur insiste le plus, c'est que
« la France conserve ses limites naturelles. C'est là une con-
« dition *sine quâ non*. Toutes les puissances, l'Angleterre même,
« ont reconnu ces limites à Francfort. La France, réduite à
« ses anciennes limites, n'aurait pas aujourd'hui les deux tiers
« de la puissance relative qu'elle avait il y a vingt ans. Ce
« qu'elle a acquis du côté des Alpes et du Rhin ne compense
« point ce que la Russie, l'Autriche et la Prusse ont acquis
« par le seul démembrement de la Pologne. Tous les États se
« sont agrandis. Vouloir ramener la France à son ancien état,
« ce serait la faire déchoir et l'avilir. La France, sans les dé-
« partements du Rhin, sans la Belgique, sans Ostende, sans
« Anvers, ne serait rien !
    « Le système de ramener la France à ses anciennes frontières
« est inséparable du rétablissement des Bourbons, parce
« qu'eux seuls pourront offrir une garantie du maintien de ce
« système : l'Angleterre le sent bien. Avec tout autre, la paix
« sur une telle base serait impossible et ne pourrait durer. Ni
« l'Empereur, ni la République, si des bouleversements la fai-
« saient renaître, ne souscriraient jamais à une telle condition.
« Pour ce qui est de Sa Majesté, sa résolution est immuable.

« Elle ne laissera pas la France moins grande qu'elle ne l'a
« reçue !

« Si donc les alliés voulaient changer les bases proposées
« et acceptées, les limites naturelles, elle ne voit que trois par-
« tis : ou combattre et vaincre, ou combattre et mourir glo-
« rieusement, ou enfin, si la nation ne la soutient pas, *abdi-*
« *quer*. Elle ne tient pas aux grandeurs; elle n'en achètera
« jamais la conservation par l'avilissement !!! »

La France, au lendemain de la perte de l'Alsace et de la
Lorraine, fera bien de relire avec respect ces lignes ! Elle
devra les méditer, les avoir sans cesse sous les yeux, les
apprendre par cœur, les apprendre à tous ses enfants ! Elle
y trouvera toutes les conditions premières de sa gloire et de
sa grandeur évanouies !... et si elle veut les voir renaître,
elle refusera de plier son courage aux conditions qui lui ont
été imposées un moment par sa défaite !

Non, la France ne voudra pas déchoir *pour toujours* du
rang qu'elle occupa naguère dans le monde ! Ces lignes la re-
porteront aux temps *où ses rivages s'étendaient des bouches de*
l'Elbe à Terracine ! Napoléon vaincu consentait à se replier
sur lui-même... mais il ne voulait rien céder des conquêtes
de la Révolution, il sentait qu'il ne le pouvait pas ; il avait
juré à son sacre de maintenir les frontières de la République.

Il n'avait pas oublié l'adresse de la Convention rhénane-
allemande à la Convention nationale de France : « Citoyens
« législateurs de la France et bientôt de l'Europe entière ! les
« Allemands de la rive gauche du Rhin n'oublieront jamais
« que les Français ont brisé leurs chaines, qu'ils ont pu pro-
« céder à leurs élections à l'ombre du drapeau tricolore. La
« tempête sévissait autour de nous ; les tyrans et leurs bandes
« grinçaient des dents, tandis qu'une paix profonde régnait sur
« nos fertiles campagnes et couvrait nos villages de ses ailes
« protectrices. L'invincible rempart des guerriers de la liberté

« nous protégeait de toutes parts. La France a dit : Soyez
« libres ! et nous sommes libres.

« Citoyens, vous qui chaque jour rendez hommage aux
« vertus de la nature humaine, puisse le fruit de vos bien-
« faits, puisse la reconnaissance d'un peuple bon et sensible,
« paraître à vos cœurs une offrande qui soit digne du grand
« autel de la liberté !

« Par l'union avec nous, vous acquérez un pays où la na-
« ture, d'une main bienfaisante, a répandu ses dons ; une fertile
« région, un climat tempéré, aux coteaux couverts de vigne,
« dont les produits engraissaient autrefois nos prêtres avides
« de dîmes ; une ville enfin dont l'incomparable situation est
« encore embellie par la majesté du fleuve qui baigne ses
« remparts.

« Par l'union avec nous, vous acquérez ce qui de droit vous
« appartient. La nature elle-même a voulu que le Rhin fût la
« frontière de la France ; il l'était, en effet, dans les premiers
« siècles du royaume de France même : les ministres de vos
« tyrans en connaissaient le prix ; lorsqu'ils voulurent briser
« une honteuse alliance avec l'Autriche, ils négocièrent cette
« acquisition avec Frédéric de Brandebourg. Et maintenant,
« cette réunion tant souhaitée, que les intrigues des rois n'ont
« pu réaliser, elle n'aura coûté qu'un faible effort aux armées
« victorieuses de la liberté.

« Par l'union avec nous, vous gagnez votre Mayence, la
« résidence de ce prêtre orgueilleux dont l'insolence sans
« bornes lui vaudra dans l'histoire le nom de brigand et d'in-
« cendiaire ; Mayence au confluent du Rhin et du Mein, où
« le négoce de l'Allemagne se concentrera dans la main du
« commerce français ; Mayence la clef de l'empire allemand,
« l'unique porte par laquelle les armées et les canons de l'en-
« nemi pouvaient pénétrer dans vos provinces ; Mayence en-
« fin, que les maîtres de l'art regardent comme un chef-
« d'œuvre de fortification, et où les impuissants efforts des

« despotes conjurés contre vous tourneront à leur confusion,
« chaque fois qu'ils oseront tenter l'entreprise insensée de
« vous assaillir. »

Si Napoléon voulait bien rendre ses conquêtes, il ne voulait pas consentir au démembrement de la France de la République. Il s'en fit, comme il dit, *un point d'honneur;* et
aima mieux descendre du trône que d'y consentir. Il réservait
ainsi *les droits incontestables de la France !*

Il ne faut jamais oublier ce qu'il dit : « que la France ne
« serait rien sans les provinces du Rhin, sans la Belgique,
« sans Ostende, sans Anvers ! » Ce sont ces grands sentiments
qui le rendaient digne de la confiance du peuple français, et
tout ce qu'il a écrit dans ce mémorandum aux puissances al-
liées *est devenu de l'histoire.*

Autrefois, sans doute, les Bourbons pouvaient réclamer une
part dans les grandeurs de la destinée de la France... mais
depuis qu'ils *ont consenti* à accepter *deux fois de suite* l'appui *des ennemis* de la France pour remonter sur le trône, ils
se sont *déshonorés* et ont perdu tout droit sur les destinées
d'un pays dont ils se sont *fait un marchepied* pour remonter
sur leur trône avili ! Car cet avilissement que Napoléon refusait, eux, ils l'ont accepté ! et c'est avec une grande justice
que Napoléon ajoute : « Le système de ramener la France à
« ses anciennes limites est inséparable du rétablissement des
« Bourbons, parce qu'eux seuls pourront offrir une garantie
« du maintien de ce système : *l'Angleterre le sait bien !* »

N'est-ce pas là en deux lignes l'histoire des deux Restaurations et du règne de Louis-Philippe? La Restauration fait com-
mander ses armées par les traîtres de Waterloo, qui étaient
bien faits pour rassurer l'Europe, et rétablit en Espagne
l'ignoble Ferdinand VII, *el rey neto : le roi net !* qui
manque aussitôt à tous ses serments et fait périr sur des
échafauds les défenseurs, *contre Napoléon, de l'indépendance espagnole !*

Une fois cette méprisable Restauration, qui ne s'était entourée que de jésuites, chassée en trois jours, on eut la dynastie d'Orléans qui est restée comme un souvenir d'*opprobre* pour la France. *Aux ordres des étrangers, comme les deux Restaurations*, son premier acte fut de refuser cette Belgique qui venait s'offrir à la France, sur les ordres qu'elle en reçut de cette Angleterre qui, *comme le dit si bien Napoléon*, savait bien ce qu'elle faisait *en appuyant toujours chez nous les Bourbons*.

Ce règne fut digne de ce début, c'est alors que commença à se développer dans la haute et basse bourgeoisie, pour descendre plus tard dans les masses populaires de la Révolution, pures jusque-là de ce virus, la passion effrénée du lucre et des plus basses jouissances. C'est alors qu'on vit la Révolution se ravaler à n'être plus qu'une révolte de domestiques contre leurs maîtres. *Il sembla que M. Dimanche occupait le trône!* Ce règne corrompit la nation en la dégradant. Le pouvoir tomba aux mains les plus viles; à ces hommes qui avaient déjà conseillé l'abandon de la Belgique pour ménager leurs intérêts de possesseurs de mines de charbon de terre, à *Anzin*, et de fabricants de drap, *à Elbeuf! Le génie de la France semblait pâlir! Mais ce n'était encore que le commencement!* Et cependant ce gouvernement, imbécile autant que vil, ne trouva rien de mieux, pour faire sans doute oublier sa bassesse, que de faire revenir de Sainte-Hélène *les cendres de Napoléon!* Ces lâches voulaient *battre monnaie sur ce qui nous restait d'un héros*, comme ils *spéculaient sur son histoire!* et ils choisissaient, pour faire revenir ces cendres, juste le moment où ils montraient plus que jamais, dans l'affaire d'Orient, en 1840, qu'ils n'étaient bien que ce que Napoléon avait dit : des valets de l'Angleterre!

Mais ce n'était point assez encore; c'est alors qu'on vit les parlementaires, les doctrinaires, ces pestes de la France, ces instruments aujourd'hui bien démasqués, pour qui veut

suivre les événements, de son déshonneur, de sa décadence
et de sa corruption, opposer leur programme à celui de
Napoléon ! Ils disaient, et c'est ici M. Guizot qui parle : « qu'ils
« ne désiraient pour la France aucune extension de territoire,
« aucune conquête ; ils la trouvaient assez grande et assez bien
« constituée pour n'avoir rien à craindre de personne, ni rien
« à envier à personne. » Ils regardaient la fondation du gouvernement libre comme la grande affaire nationale de notre
époque, et la paix européenne comme une condition essen-
tielle de notre prospérité et de notre succès dans le régime
nouveau et difficile que nous avions entrepris d'établir.

Qui nous dira où M. Guizot avait appris cette politique
ravalée... Ce n'est pas assurément dans ce Duplessy-Mornay
dont il nous annonce la vie, lui à qui son ami de Danzay,
ambassadeur en Danemark, écrivait le lendemain de la Saint-
Barthélemy, le 14 juin 1580 : « Dieu, par sa miséricorde,
« ait pitié de nous ! Quand l'exécution de ce tant cruel et
« inhumain conseil fut faicte à Paris, le jour Saint-Barthélemi,
« les Pays-Bas se rendaient au roy de France, du consente-
« ment de la royne d'Angleterre, du roy de Danemark et *de*
« *tous les princes protestants d'Allemagne*, et une si belle oc-
« casion fut empêchée par ce tant détestable acte. A présent
« ceulx qui en furent les aucteurs, veullent, par semblables
« moyens, rompre ce qui se traite entre le duc d'Alençon et
« les dicts Pays-Bas. »

Déjà M. Thiers, qui rivalise toujours avec M. Guizot, avait
dit dans ses dépêches en 1830 : « Acceptons avec une reli-
« gieuse fidélité l'état de l'Europe défini par les traités exis-
tants. » C'était l'immobilité dans la bassesse ou, comme on
l'a dit : une « halte dans la boue ! »

En vain, *à Strasbourg et à Boulogne*, un descendant de Napoléon était venu protester contre toutes ces indignités ; il ne
put que faire entendre une vaine protestation à la Chambre
des pairs, où il s'écria : « L'Empereur, mon oncle, aima mieux

« abdiquer l'Empire que d'accepter, par des traités, les fron-
« tières restreintes qui devaient exposer la France à subir les
« dédains et les menaces que l'étranger se permet aujourd'hui.

« Je n'ai pas respiré un seul jour dans l'oubli de tels en-
« seignements. »

Les parlementaires, les doctrinaires étouffèrent cette voix...
on se plut à dire *que c'était celle d'un fou !*... C'était lui cependant qui devait nous rendre plus tard *notre frontière des
Alpes... en délivrant l'Italie,* et qui nous aurait, *sans nul doute,
rendu notre frontière du Rhin,* sans les sourdes menées de
ces mêmes parlementaires, de ces mêmes doctrinaires, « qui
« eussent fait des aigles impériales un symbole d'avilissement
« national, s'il leur eût été donné de les attacher à leurs dra-
« peaux, » disait le prophétique Armand Carrel, menées jointes
à celles, *alors,* des chefs républicains... déshonorés tous depuis
l'odieuse révolution de 1848, qui ne leur avait déjà servi qu'à
étaler leur lâche imbécillité aux yeux de la France avilie. *Mais
n'anticipons pas ! !*

La France se traîna huit ans... huit mortelles années, sous
le ministère Guizot ! Ce ne furent à la Chambre que discussions
ridicules entre hommes qui au fond étaient tous d'accord,
comme la suite ne devait que trop le montrer. C'est alors que
Béranger s'écriait :

> Palais-Bourbon, j'ai subi tes séances :
>
> . . . .
>
> De la tribune, écueil des consciences,
> Un Manuel serait encore banni.
> Paix ! disait-on, quand venait me surprendre,
> Dans cent discours, quelque mot généreux ;
> Écho, paix donc ! les rois vont nous entendre.

L'homme qui se vantait d'avoir été à Gand fit subir successivement à la France les hontes du droit de visite, de l'in-
demnité Pritchard et de l'incorporation de Cracovie à l'Autriche ; et Louis-Philippe, digne roi d'un tel ministre, écrivait :
« Il paraît que vous n'avez pas encore réussi à faire com-

« prendre à Vienne ni à Saint-Pétersbourg que, sans la non-
« intervention, l'Europe était ébranlée, que l'Autriche eût
« perdu l'Italie comme on a enlevé la Belgique à la Hollande.
« A-t-on pu oublier que la Pologne, en masse, sous l'influence
« révolutionnaire, eût été debout, et que sans notre sage et
« salutaire influence elle se fût unie à la France pour re-
« pousser, pour écraser la Russie, malgré ses forces colos-
« sales. »

Dignes ministres d'un tel roi, voilà la politique qu'avaient
défendue les Casimir Périer, les Thiers, les Guizot, les Molé,
les Odilon Barrot, les Montalivet et toute la bourgeoisie ban-
quière et manufacturière !

Si l'on voulait se faire une idée de ce qu'était alors la France
à l'étranger, il faudrait lire dans la *Revue des Deux-Mondes*
l'histoire de la mission de M. Casimir Périer fils en Russie,
donnée par M. Guizot lui-même... C'est incroyable ! ! c'est à
croire vraiment que ces gens-là ne se voyaient... et ne se
voient pas ! !

C'est alors que le prince de Joinville écrivait dans une de
ses lettres (il était alors à la Spezzia) : « J'avais espéré que l'Ita-
« lie pourrait nous offrir ce dérivatif, ce révulsif dont nous
« avons tant besoin ; mais il est trop tard, la bataille est perdue
« ici... Nous ne pouvons plus maintenant faire autre chose ici
« que nous en aller, parce que, en restant, nous serions forcé-
« ment conduits à faire cause commune avec le parti rétro-
« grade, ce qui serait en France d'un effet désastreux... »

Tout à coup, au milieu de cette société pourrie où les crimes
les plus vils comme les plus féroces éclataient dans les hautes
classes, retentit le mot de réforme ! Il s'agissait d'une *réforme
parlementaire ;* le pays voulait essayer, au moyen d'un suffrage
plus étendu, de renouveler ces Chambres lâches et corrompues
toujours à la merci du pouvoir ! C'est dans un de ces fameux
banquets où l'on se réunissait alors qu'on vit M. Crémieux, après
avoir rappelé le dernier adieu de Napoléon : « Adieu, adieu, terre

6

« des braves ! adieu, chère France ! quelques traîtres de moins,
« et tu serais encore la grande nation et la maîtresse du monde! »
ajouter : « Est-il donc vrai que nous soyons réduits à rappeler
« ce mot aujourd'hui ? Est-il vrai que nous ayons besoin de
« nous débarrasser de quelques hommes pour retrouver notre
« belle France, la maîtresse et la reine du monde ?? »... M. Crémieux devait, comme l'on sait, nous rendre cette France-là
en *1848 et en 1870 !!!* et c'est à lui sans doute que pensait
encore Béranger dans sa chanson des *Échos*, lorsqu'il leur
faisait dire :

> A bas la loi qui de nous, pauvres anges,
> Fait les échos d'un peuple de bavards !
> Clament en chœur les célestes phalanges :
> L'art de parler est le plus sot des arts.
> Nos remplaçants, déjà las du martyre,
> Se croient en butte aux esprits ténébreux;
> Tous ont crié : De l'enfer Dieu nous tire !
> Les échos sont trop malheureux !

Et Dieu en effet nous tirait de cet enfer... mais pour y retomber bientôt, tant il est vrai que l'homme ici-bas n'en est
remis qu'à ses seules forces ! !

Cette monarchie, élue par quelques bourgeois peureux, prenait un fiacre aux premiers remous des vagues populaires
indignées, et gagnait éperdue l'Angleterre où elle pouvait au
moins s'écrier en débarquant : « Tout est perdu, hors la
« caisse ! » Elle allait y préparer la fusion !!

Et la France, la malheureuse France, trouvait moyen de
tomber plus bas encore que Louis-Philippe... ELLE TOMBAIT EN
RÉPUBLIQUE ! elle tombait aux mains *de tous ces bavards vides*
et niais qui se résumaient dans le plus bavard et le plus niais,
le plus éloquent si l'on veut, d'entre eux : M. Alphonse de
Lamartine, lui qui nous avait dit sous Louis-Philippe :

« On crie au poëte ! on proclame la majestueuse supériorité
« de l'expédient et de la routine sur la pensée dans la conduite
« de ce bas monde..... Quand on voit vos actes, on sait pour-

« quoi. Vous ne voulez pas que la politique grandisse, afin
« qu'elle reste à la proportion de ceux (M. Thiers et M. Guizot)
« qui la manient. Tout gouvernement sans poésie est petit.
« Louis XIV était la poésie du trône, et c'est pourquoi il est
« Louis XIV; Napoléon fut la poésie du pouvoir; 92 fut la
« poésie du patriotisme. Si le gouvernement de Juillet était
« tombé en d'autres mains que les vôtres, il pourrait être la
« poésie du peuple (Louis-Philippe la poésie de quelque
« chose?). La France ne fut-elle pas toujours le philosophe
« armé de l'Europe? n'est-elle pas le poëte des nations? Qu'en
« avez-vous fait? »

Et vous, qu'en avez vous fait en 1848, monsieur Alphonse
de Lamartine? Lorsque son réveil soulevait le Danemarck, la
Suède, la Norwége, la Suisse, la Prusse à Berlin et à Posen,
l'Autriche à Vienne, en Gallice, à Cracovie, en Hongrie, en Bo-
héme et à Milan, l'Allemagne à Francfort, enfin l'Italie tout entière ! vous, monsieur Alphonse de Lamartine, vous êtes venu
dire au monde, au nom de la République française, au nom
de ces républicains tous morts pour elle, ou pour mieux dire
avec elle : Armand Carrel, Godefroy Cavaignac et tant d'autres,
que « les traités de 1815 n'existaient plus, en droit, aux yeux
« de la République française, mais que toutefois les circons-
« criptions territoriales de ces traités étaient un fait qu'elle
« admettait comme base et comme point de départ dans ses
« rapports avec les autres nations. »

Était-ce donc la peine alors de traiter si cavalièrement ces
piteux hommes d'État : MM. Thiers et Guizot et le reste... puisque vous aviez appris et que vous deviez nous rendre leur
basse, leur lâche politique... qu'il n'avaient que trop apprise
aussi du reste à toute cette petite monnaie qui restait de l'héroïque République de nos pères, depuis la mort de Carrel et de
Godefroy, à toute cette peste qui devait composer tous les
gouvernements provisoires de l'avenir, qui ont toujours mis
les destinées de la France « plus bas, encore plus bas, tou-

jours plus bas ! ! » et toujours sans que nous sachions si elle a
atteint le fond, le tuf comme on dit... car il nous reste encore
de ces hommes, et ils attendent en se rengorgeant et en
essuyant leurs crachats dans la coulisse, d'être remis encore
à la tête de quelque bande d'ivrognes, pour nous gouverner,
ou plutôt pour nous donner sans doute ce que le catholicisme
appelle... l'extrême-onction !

Ah oui, ces temps ont été « d'ignobles temps, d'ignobles
« farces! » il est temps de le dire à la France, au peuple, que
l'on a toujours dupé avec de belles phrases à effet.... Car
ce n'est pas en lui parlant de ses intérêts seuls, qu'on a
mené ce peuple héroïque à l'assaut en 1830, en 1848 et
même en 1870 ; c'est en lui parlant de la gloire censément
trahie de ses pères !... Et puis on est venu lui étaler une
bassesse, une lâcheté, une ignominie, une incapacité, qui
vraiment devraient bien nous avoir guéris de cette honteuse
lèpre : la République... au moins aussi longtemps qu'elle se
présentera à nos yeux avec ce personnel de bateleurs qu'elle
n'ose pas avouer elle-même ! ! ! mais dont elle est cependant comme condamnée à subir la lâche et déshonorée faconde!

Et puis on entend dire quelquefois : « La France est changée!»
Non, ce n'est pas elle qui est changée... elle aurait seulement
besoin de se débarrasser de ce personnel de la République !!!

Partout ce fut un lâche abandon !! Mais on trouva encore
le moyen de mêler le mensonge à la lâcheté, on jeta à l'Europe
indignée ce ridicule programme, puisque ce n'était qu'une
phrase vide succédant à tant d'autres phrases vides :

« Pacte fraternel avec l'Allemagne, reconstitution de la Po-
« logne indépendante et libre, affranchissement de l'Italie. »
Oui... car il est des gens que rien n'engage, qui savent se
mettre au-dessus de tout ! Est-ce donc bien au-dessus qu'il
faut dire ??... Ce programme ne fut qu'un programme menteur... et l'on vit le général Cavaignac... qui n'était là qu'à
cause du souvenir qu'avait laissé à la France son frère Go-

defroy, ne trouver d'énergie que pour dompter la guerre civile, le soulèvement de ces masses remuées et trompées! Et l'on vit ce général nous dire que cette épée qu'il avait pendue au côté, « cette épée qui inquiétait si fort M. Dimanche et toute la bourgeoisie, » ne serait jamais tirée, ni pour l'Italie ni pour personne!!!... Et là encore il était écrit que cet homme, ce fils de conventionnel, manquerait à son serment... il tira cette épée!... mais..... quel coup de théâtre... ce fut pour le pape!!! Et il y a encore des républicains qui reprochent aujourd'hui à l'Empire d'avoir été, d'être clérical... n'est-ce pas à mourir de rire!!! et si nous l'étions tous cléricaux par hasard? à commencer par la République, en passant par l'Empire, Louis-Philippe et M. le comte de Chambord? Et n'est-ce pas encore, en toute justice, l'Empire qui l'est le moins?? lui qui maintenait d'une main le pape, et laissait l'Italie se faire, de l'autre??? Solférino... Mentana???

Bientôt cette République de hasard voulut élire un chef... car, si vil et si médiocre encore que l'on soit, il faut une discipline et un chef! Et alors encore cette pauvre France trahie se montra!!!... tambour en tête!... le drapeau tricolore déployé!... dans la joie!... dans l'ivresse!... Elle courut au scrutin du même pas qu'elle courait naguère à la liberté et à la gloire, et elle protesta à sa manière contre la tourbe républicaine : à Cavaignac, à Ledru-Rollin, à Raspail, à Lamartine... à *Changarnier!!!* elle opposa ce nom fatidique : NAPOLÉON!!! Et du ciel, l'âme du grand Empereur put revoir ce jour, qu'il aimait à proclamer *le plus beau de sa vie*, sur son. rocher de Sainte-Hélène : « le retour de Cannes à Paris!!! » Oh non! l'âme de la France ne s'est pas repliée dans la contemplation vile d'intérêts sordides! c'est la bougeoisie républicaine et cléricale qui veut nous faire croire ces choses! C'est bien... qu'elle fusionne avec Henri V, les d'Orléans et le pape!... ne nous restera-t-il pas toujours Napoléon, la gloire et la liberté!!!

Le prince Napoléon-Louis Bonaparte, président de la République française, fut dès l'abord circonvenu, observé, ahuri par les doctrinaires, les parlementaires et, je l'ai déjà dit, on ne saurait vraiment trop le redire, leurs valets : les chefs républicains de 1848 et 1870. Revenu un peu de... *ce flot de paroles !* voici ce que Napoléon proposa à tous ces gens-là, ce sont eux qui nous le racontent : « M. le président de la République, disait M. Thiers, a fait l'honneur, à moi et à quelques autres membres de cette Assemblée, de les appeler, de les consulter... Il était préoccupé de deux idées : il était effrayé, et il y avait lieu de l'être, de l'ardeur extraordinaire des esprits, et il se disait que, pour occuper cette ardeur, il fallait, ou une grande entreprise au dehors, ou quelque grande création populaire qui, captivant les passions des masses, les attacherait au gouvernement. »

M. Thiers ajoutait « que lui et ses amis avaient déconseillé à la fois : la grande entreprise au dehors, parce qu'elle n'aurait pas été autre chose que la guerre, c'est-à-dire la grande faute renouvelée après coup, et dans des circonstances cent fois moins excusables, de la politique impériale ; et la grande création populaire, parce que ceux qu'on appelait les vieux hommes d'État, dominés peut-être par la routine, dans leur humble et pratique savoir, ne croyaient pas que la Providence tînt en réserve de ces secrets merveilleux pour le jour où l'on a besoin d'un succès. »

Ainsi les parlementaires, les doctrinaires *et leurs valets*, les chefs républicains de 1848 et 1870, repoussaient par le sarcasme les propositions du prince président. Mais au fait ces bavards impuissants pouvaient-ils donc faire mieux ? et leur capacité s'est-elle donc jamais élevée au-dessus d'une petite... ou grosse opération de bourse..... *vulgo* coup de bourse !...

L'avenir devait nous montrer mieux encore ! Mais c'est ici le moment d'insister sur le creux, sur le vide, sur le *néant* du darlementarisme, du doctrinarisme, du républicanisme... qui

veut dire : FUSION !....., ou *confusion pour ceux qui voient
un peu au delà de leur nez !* Et tous ces gens-là vraiment
sont trop malins pour nous, qu'ils disent cependant être des
singes comme eux !

C'est en vain que l'Assemblée constituante, *avant de se retirer,* demande plusieurs fois que la République romaine soit
respectée.

Et malgré les majorités qui se prononcèrent successivement
pour cet ordre du jour... *le ministère parlementaire-
doctrinaire - républicain n'en tient nul compte, et c'est
ainsi qu'il escamota, qu'il maquignonna, qu'il faussa le vote
de la Chambre...* Et puis, il y a encore des parlementaires-
doctrinaires - républicains pour nous parler *des majorités des
Assemblées...* tout cela n'est-il donc pas renversant... et plus
bouffon que la moindre petite pièce du Palais-Royal, fût-ce
même *l'Omelette fantastique ??*

Et cependant le prince président Napoléon, *ce fou déjà ba-
foué dont on comptait bien faire tout ce qu'on voudrait* est
forcé par l'Assemblée législative de s'embarquer dans cette
belle politique... *mais il proteste, il écrit la fameuse lettre à
M. Edgar Ney :* « Je résume ainsi, y disait-il, le rétablisse-
« ment du pouvoir temporel du pape : amnistie générale, sé-
« cularisation de l'administration, code Napoléon et gouverne-
« ment libéral.

« J'ai été personnellement blessé, en lisant les proclama-
« tions des trois cardinaux, de voir qu'il n'était pas même fait
« mention du nom de la France, ni de nos braves soldats.

« Toute insulte faite à notre drapeau ou à notre uniforme
« me va droit au cœur, et je vous prie de bien faire savoir
« que, si la France ne vend pas ses services, elle exige au
« moins qu'on lui sache gré de ses sacrifices et de son abné-
« gation. »

Mais c'était le beau temps de MM. de Falloux et de Montalembert. Il semblait déjà que la France de Voltaire, de Rous-

seau, de 89 et de 92, allait devenir imbécile et se mettre en pèlerinage pour retourner au drapeau blanc ! aux croisades !... Cette malheureuse expédition romaine semblait avoir réveillé tout ce vieux monde d'inquisiteurs, de coquins et de Jésuites ! Le ministère lui-même était interloqué, aplati... il refusait cependant au prince président, en bon parlementaire, en bon doctrinaire qu'il était, de se retirer, et celui-ci était obligé... de le mettre tout bonnement à la porte ! Et c'étaient là toujours les farces parlementaires, doctrinaires et républicaines ! La France, le prince Napoléon, n'en pouvaient plus : « Au mi-« lieu de cette confusion, disait bientôt le prince à l'Assemblée, « la France inquiète, parce qu'elle ne voit pas de direction, « cherche la main, la volonté, le drapeau de l'élu du 10 dé-« cembre... tout un système a triomphé le 10 décembre, « car le nom de Napoléon est à lui seul tout un programme. « Il veut dire : à l'intérieur, ordre, autorité, religion, bien-« être du peuple; à l'extérieur... dignité nationale. »

Mais Napoléon *parlait en vain, la souveraineté parlementaire-doctrinaire-républicaine* était là, et semblait déjà préparer la fusion par cette confusion stupide de toutes les idées de la France ! Une loi d'enseignement inspirée, soufflée, défendue par ces mêmes Falloux et Montalembert, des espèces d'inquisiteurs transportés en plein xixe siècle, se préparait à crétiniser, que dis-je ? à souiller, à flétrir, à empester les masses populaires, en augmentant le pouvoir déshonoré de ces congrégations abjectes dont nous voyons les membres comparaître tous les jours devant les tribunaux !

Une autre loi mutilait le suffrage universel ! Mais c'en était trop... l'Empire était fait ! Il venait rendre à la France son indépendance « en la défendant encore contre le retour des « Jésuites, ces Jésuites odieux qui semblent toujours renaître de « leurs cendres ! » Que ne chassait-il aussi, comme don de joyeux avénement, ces congrégations pourries qui essayent de fanatiser et qui dégradent de la plus infâme façon, sous nos yeux, les enfants du peuple ? l'Empereur Napoléon son oncle, cependant, avait su faire justice de toutes ces *canaglie*, comme il aimait à les appeler. Ne lisons-nous pas dans sa correspondance qu'il avait donné l'ordre au général Miollis de remplacer les couvents détruits... de Rome par des manufactures !

Ah oui, ici comme ailleurs, cette question revient toujours ; répétons donc aussi toujours avec d'Alembert : « Le plus beau « jour de ma vie sera celui où l'on rappellera les protestants, « et où le catholicisme supprimera la confession et mariera « son clergé. » Et sachons bien nous répéter aussi en passant, qu'alors seulement la Révolution sera close !

Rappelons-nous aussi ce que disait Napoléon des jésuites, auxquels il avait défendu de s'établir en France (*voir sa correspondance*) : « Jamais je n'aurais permis le rétablissement des « Jésuites en France, c'est la plus dangereuse de toutes les so-« ciétés ; elle a fait plus de mal que toutes les autres. D'après « leur doctrine, leur général est le souverain des souverains « et le maître du monde ; tous les ordres qui émanent de lui, « quoique contraires aux lois ou criminels, doivent être exé-« cutés. Toute action, quelque atroce quelle soit, commise par « eux dans l'exécution des ordres de leur général, résidant « à Rome, devient méritoire à leurs yeux. Non, non, jamais « je n'aurais souffert dans mes États une société sous les ordres « d'un général étranger, résidant à Rome. Enfin, je n'aurais « jamais voulu de *frati* (moines). Il y avait assez de prêtres « pour ceux qui en avaient besoin, sans voir encore des mo-« nastères remplis de *canaglie* (canailles) qui ne faisaient que « manger, prier et commettre des crimes... Les ultras sont des « fanatiques qui ne demandent pas mieux que de ramener les « Jésuites et l'Inquisition. » Et dire que, grâce à l'impéritie de tous nos gouvernements, la France est empestée aujourd'hui de tous les Jésuites que chasse de Prusse M. de Bismarck !

Napoléon III cependant, élu Empereur par sept millions huit cent vingt-quatre mille cent quatre vingt-neuf-voix, se rap-

pelait ce qu'il avait dit dans ses proclamations de proscrit :
« Lorsqu'on a l'honneur d'être à la tête d'un peuple comme
« le peuple français, il y a un moyen infaillible de faire de
« grandes choses, c'est de le vouloir ! » C'était d'abord la campagne de Crimée, qui devait bien faire comprendre à Nicolas
la différence qu'il y avait entre un BONAPARTE ET UN D'ORLÉANS ! !
et briser, avec l'alliance anglaise, le faisceau de la Sainte-
Alliance ! Nous commencions à sortir du bourbier de 1848, et
l'on pouvait dire encore avec Béranger :

> L'ours effrayé regagne sa tanière,
> Loin du soleil qu'il voulait disputer !

Le drapeau tricolore, tombé à Waterloo, remportait, depuis lors, ses premières victoires ! Il flottait victorieux à
l'Alma, à Inkermann, à Malakoff où il entrait et restait, comme
disait Mac-Mahon, ainsi qu'à Sébastopol !!

Oui, c'était bien là, la première revanche depuis Waterloo,
amenée malgré la platitude, la bassesse, la lâcheté, l'incapacité
et les vains bavardages des parlementaires, des doctrinaires et
de leurs valets, les chefs républicains de 1848 et 1870 ! !

La paix se signait à Paris ! et l'on pouvait désormais dire la
France rentrée, tambours battants et enseignes déployées, dans
le concert des grandes puissances ! Et c'était la première ré-
ponse de Napoléon III aux vils sarcasmes de pauvres vieux parlementaires déjà un peu dans l'enfance !

S'il y avait par hasard des républicains qui voulussent se
rendre compte de l'effet produit en Europe par cette guerre,
ils n'ont qu'à lire le manifeste électoral de M. de Gerlach, chef
du parti féodal en Prusse ; ils y liront :

« Aujourd'hui, le bonapartisme renaissant conspire de nou-
« veau le triomphe de la Révolution et de la monarchie univer-
« selle. C'est la liberté, c'est le droit, c'est le christianisme même
« qu'il veut détruire en détruisant la Russie. Il s'est déjà donné
« pour complices l'Angleterre, devenue son auxiliaire (par peur
« de la conquête) ; la Sardaigne, descendue au rang de vassale ;

« l'Espagne et le Portugal aspirent à la même servitude, et il
« exige encore le concours de l'Allemagne.

. « Faut-il que la Prusse entre à son tour dans cette alliance ?
« Faut-il qu'elle édifie de ses mains la domination du bona-
« partisme ? Faut-il que les Français règnent en Allemagne,
« oui ou non ? »

Voilà le jugement de l'Europe... il était moins sévère pour
les Républiques de 1848 et de 1870 !

Mais ce n'était pas tout : Napoléon III ne s'arrêta pas là, il
se souvint des promesses de son oncle à l'Italie, de ses promesses à lui-même, qui avait combattu pour elle dans sa jeunesse, et... ce fut lui enfin qui tint la promesse de la République de 1848 à l'Italie, elle qui avait dit : « Affranchissement
« de l'Italie ! »

Le lâche abandon des peuples soulevés, chantant la *Marseillaise*, en 1848 comme en 1830, c'est lui, l'Empereur, qui
venait le réparer, en faisant oublier la foi mentie de la France
et des républicains, et aussi des petits bourgeois de 1830,
qui avaient tant bavardé sur cette question, comme sur celle
de la Pologne, *et sur tant d'autres !* Et cependant l'on voit
encore des parlementaires, des doctrinaires, et leurs valets,
les chefs républicains de 1848 et 1870, affecter de juger cet
Empereur et de le couvrir des plus infâmes et des plus
odieuses injures. Aussi pourquoi épargnerait-on donc cette
canaille, lorsqu'on songe aux maux que leur lâche et impuis-
sante faconde a causés à la France ? « Il n'y manquerait plus
« vraiment qu'une quatrième Restauration ! »

Mais hâtons-nous de nous rappeler Magenta ! Palestro ! Melegnano ! Solférino ! A-t-il été livré jamais de plus nobles batailles ? Non, sans doute ! et leur souvenir fera toujours oublier
à la France, à l'Europe, à l'Italie surtout, la lâcheté parlementaire, doctrinaire et républicaine de 1830 et 1848 ! et la France,
au milieu de ses malheurs, malgré sa défaite d'un jour, dût-elle
même être éternelle, sera toujours respectée à cause du noble

emploi que Napoléon III a su faire de sa puissance, aux jours de sa prospérité ! Il semblait que la politique s'élevait à la hauteur de la plus noble poésie, et que Mirabeau avait prédit ces jours, lorsqu'en parlant du drapeau tricolore aux royalistes qui affectaient d'en rire aux éclats, il s'écriait : « Elles vogueront sur « les mers, les couleurs nationales ; elles obtiendront le respect « de toutes les contrées, non comme le signe des combats et « de la victoire, mais comme celui de la sainte confraternité « des peuples, et comme la terreur des conspirateurs et des « tyrans ! »

Et si ces jours sont venus, sachons bien le dire haut, car il faut savoir dire la vérité aux austères tartufes, chefs de la République : ce n'est pas la faute de la République !

Et la France rentrait dans ses frontières des Alpes ! et cette manière d'y rentrer lui assure peut-être *ses frontières du Rhin*, plus que vingt batailles ! Car un nouveau peuple, un nouveau drapeau tricolore est né depuis la Sainte-Alliance, et il ne peut laisser désormais périr la France qui lui a donné la vie. La politique des nationalités s'est affirmée dans le monde, la Révolution a fait de nouveaux pas... et c'est encore grâce à l'Empereur qu'elle a triomphé... et la République, qui semble paralysée depuis ses abominables alliances avec les parlementaires et les doctrinaires, s'en va, elle, avec eux, faire amende honorable aux pieds du drapeau blanc du pape et d'Henri V, et elle suit les hommes de Gand et de la rue Transnonain... et on dirait vraiment qu'elle se déshonore... si elle n'était déjà déshonorée depuis 1848 et 1870 !

Et c'était la seconde fois que, sous l'Empire de Napoléon III, la France remportait des victoires !... et les parlementaires, les doctrinaires et leurs valets, les chefs des brillantes républiques de 1848 et 1870... bavaient toujours sur cet Empire qui était en effet venu *mettre à nu* leur ignoble incapacité, et semblait vouloir leur apprendre ce qu'on pouvait faire de la France... quand on n'est pas un *petit bourgeois*, un doctrinaire

ou un républicain de 1848 ou 1870 ! Rappelons-nous les instructions données par le général Cavaignac à ses envoyés officiels auprès de Charles-Albert après la fameuse déclaration :
Affranchissement de l'Italie ! « Ils devaient ne rien dire, ne s'en-
« gager ni pour ni contre, ne pas pousser Charles-Albert à la
« guerre, ne pas lui parler d'alliance, et rester auprès de lui
« impassibles et immobiles ! » Quelle politique pour la France,
grand Dieu ! Et les Chambres avaient cependant pris des
engagements : Mais les républicains avaient enfin trouvé un
ministre à opposer aux Thiers aux Guizot, aux Montalivet,
aux Molé... c'était M. Bastide ! ! ! Mais ce qui mit le comble à la honteuse attitude de tout ce monde-là... c'est que,
lorsque l'Empereur signa la paix de Villafranca avec l'Autriche, sous le coup d'une menace de la Prusse qu'il ne crut
pas devoir encore braver, tout ce monde ultra-pacifique, pour
ne pas dire le vrai mot, se mit à pousser des cris de paon...
« Voyez quelle duplicité... ce lâche abandonne l'Italie ! » Pauvre pays de France, il devrait bien s'habituer à juger les choses
par lui-même, au lieu de se laisser toujours monter la tête par
des gens dont la bêtise, la platitude, la lâcheté naturelles, dé-
passent peut-être encore l'avide et basse ambition.

En 1863, une autre nationalité, encouragée sans doute par
la résurrection de l'Italie, se souleva de nouveau... c'était la
Pologne indomptée, cette autre sœur de la France, qui retombe
toujours sur elle-même en s'écriant : « Dieu est trop haut, et
la France est trop loin ! » Napoléon déclara sa cause chère à la
France... il fit plus, il essaya avec son ancienne alliée de Crimée de reconstituer la Pologne, ce qui aurait été pour l'Angleterre une suite intelligente de la guerre d'Orient.

Mais l'Angleterre, qui avait déjà vu avec jalousie, avec crainte,
avec désespoir la France reprendre ses frontières des Alpes...
ou plutôt qui n'avait jamais voulu reconnaître l'annexion de
Nice et de la Savoie, L'Angleterre répondit à ces propositions
par du persiflage, et l'on peut se rappeler ces articles du *Mor-*

ning-Post, le journal de Russel, qui disait que sans doute
cette alliance était dans l'ordre des choses... « et que tandis
« qu'une flotte anglaise irait attaquer la Russie par mer, une
« armée française avancerait par terre contre la Russie, à
« travers la Belgique et les provinces du Rhin, qu'elle réunirait,
« en passant, à la France. » L'alliance en resta là... En effet
l'Angleterre, pour la Pologne comme pour l'Italie, n'avait « ni
une guinée, ni une goutte de sang à donner pour de pareilles
causes... » C'était encore là une politique de boutique, une
politique parlementaire, doctrinaire, républicaine de 1848 et
1870... mais non, c'était surtout la peur de voir la France s'é-
tendre du pied des Alpes aux bouches du Rhin et de l'Escaut,
ce qui, avec la reconstitution de la Pologne, aurait été en effet
la suite inévitable de la guerre ! Cette œuvre à accomplir, le
destin l'a sans doute laissée à la France, à l'Italie et à l'Espagne ;
Cavour ne disait-il pas un jour dans le parlement italien : « Il
« existe une race nombreuse, énergique, agissante, mais oppri-
« mée de plusieurs siècles, la race slave... Elle vient d'être
« tout entière émancipée et recouvre sa nationalité... Sa cause
« juste et noble triomphera dans un avenir peu éloigné. Le
« grand mouvement slave a inspiré le premier poëte du siècle,
« Adam Mickiewicz ; cela seul donne confiance dans l'avenir de
« ce peuple. L'histoire en effet prouve que lorsque la Provi-
« dence suscite l'un de ces génies, tels qu'Homère, Dante ou
« Mickiewicz, c'est que les nations où ils naissent sont appe-
« lées à de hautes destinées.

L'Empereur, *toujours prudent... cet aventurier !* ne crut
pas plus pouvoir ici *jouer les destinées de la France*, qu'il n'a-
vait *cru pouvoir les jouer en Italie*, lorsqu'il se retirait à la nouvelle des armements de la Prusse qui menaçait le Rhin,
ainsi que *nous le confirme* aujourd'hui le général La Marmora !
La position, d'ailleurs, n'était pas si favorable pour la France
qu'en 1830 ou en 1848, quand tous les peuples de l'Europe étaient soulevés et chantaient la *Marseillaise !* L'Empe-

reur proposa à l'Europe un congrès pour régler cette question... et plusieurs autres qui menaçaient sans cesse le repos
de l'Europe.

L'Europe et surtout, l'Angleterre, refusèrent de s'y rendre !
On vit alors les plats gueux du congrès de la paix crier haro
sur ce baudet qui , *après avoir soulevé la Pologne* , di-
saient-ils , finissait par demander la paix à l'Europe. Ces
gens-là évidemment, *né se voyaient pas*, car autrement ils
auraient tenu un autre langage... Y a-t-il donc jamais eu
rien de plus honteux que ces congrès *de la paix et de l'a-
théisme*, opposés à celui rêvé , peut-être, par l'Empereur
Napoléon III ; ces congrès de la paix dont la plupart des si-
gnataires, des adhérents, étaient *des aigles déplumés de* 1848 ? ?
Et l'on vit encore les doctrinaires de 1815, les parlementaires
de 1830, les républicains de 1848 et de 1870, *avoir l'audace*, eux qui avaient bien autrement leurré et abandonné la
Pologne, de gémir sur une politique qui après tout n'avait
peut-être qu'un tort... *forcé alors* , de copier précisément
leur langage. Et c'est alors qu'on entendit M. de Morny, *élève
de M. Guizot*, dire à la Chambre :

« Il n'y a que deux systèmes. Le système de la guerre est
« grand, il est séduisant... (Mouvement.) Permettez !... Faire
« appel aux nationalités, rétablir l'indépendance des peuples,
« jeter l'Italie sur l'Autriche, soulever la Hongrie, reconsti-
« tuer le royaume de Pologne, c'est une politique qui a sa
« grandeur ; et si un coup de canon était tiré en Europe con-
« tre la France, c'est peut-être celle-là que je conseillerais à
« mon pays et au souverain.

« Mais a-t-on bien réfléchi aux conséquences ? A-t-on bien
« réfléchi que nous sommes en paix, que personne ne nous
« attaque ? A-t-on bien réfléchi à quels désastres on entraî-
« nerait la France avec ce capital de vingt milliards de
« valeurs créées, dans lesquelles viennent aujourd'hui se
« placer les épargnes de nos paysans et de nos ouvriers ? Et

« pourquoi? Pour une cause qui n'est pas la nôtre (C'est
« vrai !) et où ne sont engagés, ni notre honneur... NI NOTRE
« INTÉRÊT. »

Oui, il faut le dire, c'était bien là un écho de la politique
doctrinaire, parlementaire et républicaine. MM. Guizot, Thiers
et Bastide n'auraient pas désavoué ce discours. Un membre de
la Chambre répondit : « Voulez-vous me permettre de vous le
« dire? Il y a quelque chose aujourd'hui de plus dangereux
« que de secourir la Pologne, c'est de l'abandonner. Quand
« on s'appelle Napoléon III, on ne peut pas se laisser dire, et
« laisser dire par l'histoire, que la Pologne, partagée sous
« Louis XV, qui ne s'est pas encore relevé de cette honte,
« abandonnée sous Louis-Philippe (et en 1848 ?), a été ex-
« terminée sous Napoléon III. »

Ce membre avait raison sans doute mais que faire cependant...
l'Italie était-elle bien prête à nous aider... et l'Espagne ?? Le
droit reste sans doute entier de critiquer Napoléon III... mais
seulement pour *ses partisans, ses électeurs*, qui le feront d'ailleurs toujours avec une modération et un respect que leur
inspireraient *à défaut de la campagne d'Italie, la lâche suffisance, la misérable vanité, la honteuse envie* qui fait le fond
des hypocrites et vils discours des républicains, des doctrinaires et des parlementaires... *de la fusion !*

Où l'Empire s'égara *complétement* ce fut dans l'expédition
du Mexique! Il engouffrait les ressources de nos arsenaux *aux
antipodes*, lorsque nous n'avions *pas encore nos frontières
du Rhin !!* Il flattait là une passion bourgeoise, on espérait
ainsi détourner précisément notre attention de nos frontières !
On n'y réussit que trop !! L'Allemagne profita du moment
pour faire ce que nous ne faisions pas ; elle étendit ses frontières à elle, pendant qu'il devenait à la mode de dire chez
nous qu'il était ridicule de penser aux nôtres !!

Et lorsque le bruit du canon de Sadowa parvint à Paris...
lorsque la Sainte-Alliance de 1815 était aux prises... on ne

put pas, à *cause du Mexique*, jeter 300,000 ou 400,000 hommes en Belgique et sur les bords du Rhin, pour rentrer dans les frontières de... *la République*... N'avons-nous pas vu, en effet, en commençant, que les populations s'étaient données à elle, *lorsqu'elles en chassaient le clergé*, qui alors en était possesseur... *L'est-il encore*... sont-elles donc retournées *à leur ancien propriétaire* ??

Et plus tard, lorsque l'Empire, inquiet du rapprochement de la Prusse et de l'Italie, après la funeste autant qu'impolitique journée de Mentana, inspirée par la stupide tourbe parlementaire, voulut prendre ses précautions et préparer une armée plus forte, on lui répondit *qu'il n'avait que des passions dynastiques et oubliait le pays !*

Et l'on vit M. Jules Favre s'écrier : « Comment ! nous en « sommes encore à ce point de doutes et d'hésitation vis-à-vis « de la morale qu'elle ne nous suffit pas ! Le sentiment du « juste ne nous protége pas, et ce qui s'appelle la probité, la « modération dans les relations privées n'existe pas dans les « régions politiques ! Là on n'est fort, on n'est véritablement « défendu qu'à la condition d'être entouré de fer et de feu, « comme si les sociétés humaines ne se composaient que d'a- « nimaux prêts à fondre les uns sur les autres ! »

Mais oui sans doute, et quel *homme politique* êtes-vous donc si vous n'avez pas encore compris que les chefs, rois ou empereurs, et les armées servent aux nations à faire ce que j'appellerai la police internationale des États, comme la magistrature et la gendarmerie font la police intérieure de ces mêmes États !

Et n'est-il donc pas encore à naître cet État chimérique où l'on se passerait à la fois d'armée et de gendarmerie? Et l'homme est-il donc assez fort, assez juste pour qu'on puisse s'en remettre à lui seul du soin de suivre toujours droit le sentier de l'honneur?

La société où nous vivons est-elle donc à ce point sûre que nous puissions nous passer de magistrats et de gendarmes?

7

Et les États voisins sont-ils donc, eux, conduits par des
chefs, rois ou empereurs, si justes, si délicats, si désintéressés,
que nous puissions licencier nos armées??

Où est donc l'imbécile, où est le lâche qui pourrait le soutenir?

Seulement l'honneur vrai, les principes vrais, doivent in-
spirer les chefs, les magistrats, les armées, les gendarmes. Ces
principes vrais ce sont ceux sans doute de la Révolution française. Mais le moment n'est pas venu pour elle, s'il doit jamais
venir, de désarmer! Non! non! Et quel serait donc l'hypocrite qui le lui conseillerait désormais? C'est à l'honneur révolutionnaire des chefs et des armées qu'il faut au contraire en
appeler, à cet honneur qui animait Hoche, Marceau, Kléber,
Bonaparte! TOUS MORTS AU CHAMP D'HONNEUR!!! cet honneur qui
animait Bonaparte lorsqu'il écrivait à Kléber, qu'il croyait
avoir blessé :

« Je crains que nous ne soyons un peu brouillés; vous
« seriez injuste si vous doutiez de la peine que j'en éprou-
« verais.

« Sur le sol de l'Égypte, les nuages, lorsqu'il y en a, pas-
« sent dans six heures; de mon côté, s'il y en avait, ils seraient
« passés dans trois. L'estime que j'ai pour vous est au moins
« égale à celle que vous m'avez témoigné quelquefois. »

Et Kléber répondait :

« Vous avez oublié, citoyen général, lorsque vous avez
« écrit, que vous teniez en main le burin de l'histoire, et que
« vous écriviez à Kléber. Je ne présume pas cependant que
« vous ayez eu la moindre arrière-pensée (on ne vous croirait
« pas). »

Et c'étaient là pourtant des sans-culottes, et c'est l'un
d'eux que la France a pris pour Empereur, pour chef, parce
qu'elle le sentait animé par l'honneur! Et il nous faut des
chefs, des magistrats, des armées, des gendarmes que ce
même honneur anime, l'honneur de la Révolution, l'honneur

philosophique. Serait-il donc vrai qu'il n'existe point... et que l'on sait ce que c'est que l'honneur philosophique (l'honneur pour l'honneur) : que c'est une duperie!!! Prenez garde, si cette monstruosité était vraie... passez vite alors à l'honneur monarchique, et hâtez-vous de déserter le drapeau tricolore, passez au drapeau blanc! et au fait, oui, car la Révolution depuis 1830, 1848 et 1870 a déshonoré peut-être ce drapeau tricolore!!!

Son honneur, il est resté à Metz, à Strasbourg, à Anvers, à Bruxelles, à Mayence, à Coblentz, à Cologne, à Aix-la-Chapelle; pour le lui rendre, il faut toute la rive gauche du Rhin!!!

Et est-ce donc vous, républicains, parlementaires et doctrinaires, qui pouvez l'entreprendre? l'oseriez-vous? cela va-t-il à votre taille? les aplatissements successifs formeraient-ils donc les hommes d'État, comme les voyages, dit-on, forment la jeunesse? Non, vous devez vous retirer tous, sauf M. Gambetta peut-être, que couvre la lettre du général Chanzy, comme a su le faire le général Trochu, et emporter vos produits!

M. Émile Ollivier disait en parlant de la guerre avec la Prusse :

« Où est la nécessité? où est le péril? Qui nous menace, qui « nous inquiète? Personne... Est-ce le chiffre de l'armée « prussienne qui vous inquiète? L'armée prussienne est une « armée essentiellement défensive... Si vous persévérez dans « votre politique actuelle, la guerre vous saisira malgré « vous. » Il n'y a que deux moyens d'assurer la paix : « re-« pousser la loi et établir un gouvernement constitutionnel « libéral. » Et on écoutait cela, et on n'écoutait pas le ministre de la guerre disant : « On me force à donner des chiffres! « Nous avons moins d'artillerie que toutes les autres puis-« sances de l'Europe : nous avons 2 pièces par mille hommes; « partout ailleurs on compte 3 pièces par mille hommes. Il y « a des inconvénients à entrer dans tous ces détails, je ne me « le dissimule pas, et je répugne à dévoiler ainsi notre situa-

« tion à chaque instant et sur chaque point ; mais je remplirai
« ma mission jusqu'au bout. Les autres cabinets suivent
« attentivement ces débats. C'est là que se déclare la
« guerre. »

Mais non, ces députés, candidats officiels, que M. Thiers
trouvait si remarquables parce qu'ils le prenaient à part dans
les couloirs pour lui dire qu'ils voulaient la paix et se souciaient
de *l'Empereur comme de cela !* repoussaient tous les projets et
établissaient ce fameux gouvernement constitutionnel libéral et
plantaient à sa tête ce fameux Émile Ollivier, ce phénomène
de 1848 ! Et... cet académicien... car aussitôt ministre, on est
académicien, comme Thiers, comme Guizot, comme Molé,
comme tous les autres ! ! ! s'en est allé aussitôt déclarer la guerre
d'un cœur léger... sans canons, sans soldats... c'est lui qui n'en
avait pas voulu !... Et nous étions battus, et l'Empereur était
fait prisonnier, et M. Thiers, qui avait dit que l'armée prussienne était une fantasmagorie... se jetait sans scrupule aucun
au timon de l'État. Et tous ces doctrinaires, tous ces parlementaires qui huit jours avant assiégeaient l'Empereur, lui
demandaient des places pour leurs amis, l'appelaient Au-
guste et disaient qu'on pouvait se consoler de n'être rien
quand le pays était tout... se sont tout à coup précipités
sur lui dès qu'ils l'ont vu broncher, dès qu'il a été prisonnier de la Prusse ! Et les armées françaises aussi étaient
prisonnières... et vous êtes enfin restés les maîtres... qu'a-
vez-vous fait... rien ! Sans doute... vous aviez tout éteint ;
n'est-ce pas M. Jules Simon qui disait : « Qu'est-ce que la
« patrie ? le sais-je ?... Quel préjugé soigneusement entretenu
« que celui-là ! On fait, à force d'art, de singulières créations
« dans le cœur humain. Quoi de plus difficile que de per-
« suader à cent mille hommes grossiers qu'ils doivent se faire
« hacher pour quelques mètres de soie attachés à un piquet ?
« On y parvient pourtant, et que faut-il pour cela ? de grands
« mots et quelques fanfares. »

Le général Trochu a donné un grand exemple... qui le suivra ?

Bonaparte s'écriait à Sainte-Hélène en parlant de l'Égypte et de l'Italie : « Nous étions jeunes alors, nous jouions avec « la mort, nous ne songions qu'à vaincre. » Oui, aussi ils ont couvert le nom, le drapeau de la France d'une gloire immortelle !

Et cette France blessée, humiliée et vaincue, le sait bien ! Et depuis le 18 juin 1815, depuis Waterloo, la fatale journée ! c'est l'Empire seul, malgré ses fautes, qui est venu lui rendre son prestige passé ! Et depuis Sedan, la non moins fatale journée ! c'est l'Empire seul qui peut lui rendre encore ce prestige passé !

Mais pour faire cela que faut-il... un peu de tête, de cœur et d'audace, et surtout se retremper aux sources pures de l'amour de la patrie et de l'amour de la gloire ; aux sentiments qui animaient le général Bonaparte, le plus illustre parmi cette pépinière des jeunes généraux de cette République dont vous répudiez comme à plaisir les conquêtes, le courage et l'honneur ; aux sentiments que voulait fixer Napoléon III, et qui animeront certainement Napoléon IV !

A quelle source ces jeunes volontaires d'un an (le moins longtemps possible, grâce à M. Thiers !) iront-ils donc puiser ce patriotisme qui manquait aux jeunes générations, si j'en crois le *Journal des Débats* ? Sera-ce donc chez les doctrinaires de Gand, les parlementaires de 1840, les républicains de 1870 ? ou plutôt dans les belliqueux bureaux du *Journal des Débats*, qui disait hier impudemment que le petit chapeau et la redingote grise étaient une défroque qu'on pouvait se procurer fraîche, pour 30 francs, à la Belle-Jardinière.

Ah mais ! que veut donc la bourgeoisie ? *Et quel jeu jouons-nous ici ??*

De ces cris, lequel est resté le plus noble : « *Vive le roi*, « *vive la République*, ou *vive l'Empereur* ? » Le roi est revenu avec l'étranger et va revenir avec le pape, la République repousse la gloire et l'honneur de ses pères ; il ne nous reste donc rien que l'Empire qui, lui, du moins, s'il a été vaincu, ne l'a été que parce qu'il a marché à l'ennemi, et qu'on n'a pas encore trouvé le moyen d'être *toujours vainqueur*..... puisque Napoleon et le grand Frédéric ne l'ont pas toujours été !!

Avons-nous donc déjà oublié cet autre cri des sentinelles autour de Paris, ce cri qui se perdait dans la nuit autour de ses murailles, pendant les premiers temps du siége : « Sentinelles, prenez garde à vous! » L'avons-nous donc si vite oublié, ce cri....... si ridicule ! Oh ! oui, je le sais : ce cri était ridicule pour beaucoup..... de ceux qui sont si brillants dans leur brillante République, sous laquelle ils ne savent cependant où cacher leur honte éperdue !! Ce cri, voulons-nous donc l'entendre encore, et pour la dernière fois?? Et pensons-nous donc avoir tout fait pour ne plus l'entendre, lorsque nous aurons reporté à cinq lieues de la ville *ces forts qu'on n'a jamais pu forcer* ???

Non, *notre défense ne doit plus être dans nos murailles*..... NOUS Y AVONS TROP COMPTÉ..... Il nous faut décidément descendre désormais dans la plaine... *il nous faut décidément faire des sorties...* Et n'est-ce donc pas partie remise que tout cela, lorsqu'on n'a point encore renoncé à s'appeler LA FRANCE ??? Ne dites-vous donc pas cela à vos jeunes bourgeois volontaires? Je lisais hier dans un journal : « Usée « par la luxure et l'oisiveté, la noblesse ne se livrait, dans « son impuissance, QU'À LA SEULE PROFESSION DES ARMES... ». Leur dites-vous donc cela??

Voulons-nous donc nous replier sur nous-mêmes comme après 1815? chercher un abri dans notre défaite, nous y complaire, y triompher et l'accepter des mains des nos *amis* les ennemis? cacher notre honte nouvelle dans les bras d'une monarchie nouvelle... prête à tout accepter... à tout octroyer, à nous octroyer *peut-être* le drapeau tricolore..... *en serons-nous fiers !!!*

Chateaubriand nous a dit cependant : « Louis-Philippe ne « sentait pas l'honneur de la France. L'Europe pouvait lui « cracher au visage : il s'essuyait, remerciait, et montrait « sa patente de roi. Narquois, il conduisait dextrement sa « barque sur une boue liquide. La branche aînée des Bour-« bons est séchée, la branche cadette est pourrie. » Comme c'est vrai..... Et il n'y a plus que celle-là. Allons-nous donc recommencer cette destinée? Allons-nous donc saluer une royauté sortie d'une Chambre digne de celle de 1815? cette Chambre qui ne pense qu'à se quereller sur les ruines fumantes de la patrie? Allons-nous donc rediscuter la censure, le sacrilège, la guerre d'Espagne et les Jésuites..... Mieux que cela..... *le Syllabus et l'infaillibilité..... et oublier pour tout cela nos destins contraires??* 89 va-t-il se croire vainqueur encore, parce qu'il va rétablir le pouvoir temporel du pape? Et sommes-nous donc, *comble de honte*, destinés à voir se reformer..... *l'opposition républicaine?* cette opposition qui affectait jadis de parler de la patrie et de sa gloire, et qui a disparu dans l'égout de 1830, précurseur de l'égout de 1848 et de 1870 !!

Non, non, le passé doit nous servir de leçon. Nous la nation, nous les dupes, serrons-nous autour du drapeau *symbole de la Révolution*, et sachons bien ce que nous voulons cette fois, et sachons surtout le dire haut et ferme.

Nous la nation, nous les dupes des Bourbons, des d'Orléans, des avocats de la République, nous voulons ce qu'ils feignaient de vouloir tous..... nous voulons rentrer dans nos frontières naturelles qui assureront l'intégrité, la gloire, l'honneur et la liberté de la patrie. Et s'il nous faut d'ailleurs attendre *un peu tous ces biens*, nous voulons du moins un gouvernement à l'abri duquel nous puissions *nous remettre et nous refaire sans honte;* un gouvernement qui a déjà fait beaucoup, sinon tout ce qu'il pouvait faire, pour la revanche de la France. Et nous qui sommes indignés de voir ce gouvernement insulté par des drôles qui depuis 1848 bafouent : *Dieu, la patrie, sa sécurité et sa gloire;* ces drôles qu'un journal italien, l'*Opinione*, appelle si plaisamment : « des pritchartistes déguisés en conventionnels, » nous voulons confier notre drapeau, notre symbole, à un Napoléon, ce descendant du héros qui s'écriait sur son rocher de Sainte-Hélène : « Ma fortune était toute « dans celle de la France ! »

Peuple trompé en 1814 !

Peuple trompé en 1815 !

Peuple trompé en 1830 !

Peuple trompé en 1848 !

Peuple trompé en 1870 !

Nous ne voulons plus l'être en 1873 !!!

Nous n'avons point oublié que c'est aux cris de vive Napoléon II ! que s'est faite la révolution de 1830, *que c'en est le côté héroïque,* comme Louis-Philippe en est le côté honteux et bourgeois. Nous nous rappelons que Béranger nous raconte que ce qui le toucha le plus pendant ces brillantes journées de 1830, ce fut le don d'un immense drapeau tricolore, *qu'une dame voulut lui remettre à lui-même.* Béranger ajoute qu'il le fit aussitôt arborer sur la colonne Vendôme : Emblème sacré du pays, de la Révolution et de sa gloire, lui seul pouvait remplacer l'image absente du héros leur fils !

Ce que nous savons aujourd'hui, nous l'avons payé bien cher ! La haine et l'envie des âmes basses et impuissantes, nous savons où elles nous ont menés..... et il nous reste seulement à nous demander si c'est au bord, ou au fond de l'abime ? Et ces gens-là pour consoler la France lui disent qu'ils ont voulu la liberté sans la gloire ! Et ils en appellent encore aux intérêts sordides, aux jouissances sordides, aux mœurs sordides, et ils rêvent et espèrent encore une France sordide comme eux, une France d'où seraient bannis : Dieu, l'honneur, la gloire, la liberté, et qui n'aurait plus pour drapeau que la loque sinistre rougie dans le sang des guerres civiles, la couleur des tartuffes humanitaires, des tartuffes républicains. Oui, notre science nous a coûté cher..... et malheureusement plus cher encore à la patrie. Nous avons été joués par des misérables qui ont tout profané : le drapeau, la République et ses chants immortels, cette colonne de la gloire compagne de la colonne de la liberté, *tout cela ils l'ont profané !!...* Ils ont fait de tout ce qui nous était sacré une vile caricature comme eux ! *Ils ont ramené la France à la hauteur de leurs viles et petites personnes !!* Mais heureusement, nous savons tout cela....... nous en bégayons encore, en cherchant notre voie dans le crépuscule de nos défaites. Nous saurons faire un juste partage : la honte ira à qui la mérite, et notre respect restera aux emblèmes sacrés de la patrie. C'est à leurs pieds que nous chercherons à nous réconcilier, nous qui nous sommes laissés brouiller par ces misérables, et qui avons eu la honteuse faiblesse de seconder leurs ignobles et inavouables ambitions.

Pauvre peuple de Paris, *trahi dans son espérance de défense !* Ce peuple qu'on avait armé et passé en revue de l'Arc-de-Triomphe à la colonne de la Bastille..... *comme pour se moquer de lui.....* puisqu'on savait déjà qu'on devait le livrer sans l'avoir fait combattre ! ce peuple, nous l'avons vu évoquer l'âme de la France au pied de cette colonne de la Bastille qui disparaissait sous le flot des couronnes d'immortelles, qui allaient battre les pieds du génie de la liberté infidèle, brandissant la loque rouge..... le drapeau tricolore, avili dans les mains des avocats de la Défense nationale, n'était plus à leurs yeux le drapeau de la France. Pourquoi ces immortelles, et pourquoi ce culte? *Il semblait que c'était une nouvelle religion qui commençait !* Non, c'était un peuple qui évoquait l'âme de la patrie, profanée et livrée par des menteurs et par des lâches, *qui n'avaient su montrer de l'énergie que pour insulter sans pitié les vaincus !!*

La Bastille, Juillet, la colonne Vendôme... devons-nous donc maudire notre histoire à cause de quelques drôles impuissants et bavards ?

Puisse l'ennemi, qui est enfin parti, avoir emporté jusqu'au souvenir de nos honteuses discordes ! Il faut nous réconcilier... c'est la première condition de la revanche de la patrie, cette revanche à laquelle maintenant doivent être consacrées toutes nos pensées.

Si nous étions unis, nous nous apercevrions bien vite que nous sommes aussi forts qu'avant la guerre ! Et si nous savions jamais tourner contre l'ennemi la fureur qui nous anime les uns contre les autres, la patrie serait bientôt vengée.

Rappelons-nous bien aussi ce que disait Napoléon Ier : « Que « le système de ramener la France à ses anciennes frontières « est inséparable du rétablissement des Bourbons, parce qu'eux « seuls pourront offrir une garantie du maintien de ce système : « l'Angleterre le sait bien. »

C'est l'histoire des deux Restaurations et de Louis-Philippe.

« Avec tout autre, ajoute l'Empereur, la paix sur une telle « base serait impossible et ne pourrait durer.

« Ni l'Empereur, ni la République, si des bouleversement la « faisaient renaître, ne souscriraient jamais à une telle condi- « tion. »

Rappelons-nous bien que si pour l'Empire, Napoléon a dit vrai... il s'est trompé pour la République ; il voulait parler de la République de son temps : celle du nôtre a d'autres visées... nous ne le savons que trop !

Elle a toujours dit depuis 1848, que nous ne devions plus nous occuper de nos frontières, que cette question avait fait son temps.

Et lorsque l'Empereur, ne voulant pas se dérober à son de-voir, marcha à la frontière pour essayer d'effacer les suites de Sadowa qui avaient rendu la Prusse si insolente, n'oublions jamais qu'il s'est trouvé parmi nous des républicains, j'en prends un entre mille (ils disaient tous la même chose), pour craindre que l'Empereur ne sortit victorieux de cette guerre. M. Picard osa imprimer ces lignes dans l'*Électeur* :

« Même vainqueurs nous consolidions l'hégémonie prussienne.
« Surtout, nous prêtions à l'élu populaire, retrempé dans un
« récent plébiscite et dans une guerre nationale une force me-
« naçante...

« Reischoffen fut pour nous un trait de lumière. Désespérés
« avant l'ouverture de la campagne, nous conçûmes aussitôt
« après la défaite l'attente d'une meilleure destinée. »

On croirait rêver en lisant ces lignes ! Ainsi il se trouva des Français pour qui la glorieuse défaite de Reischoffen fut un trait de lumière ! et qui, désespérés avant l'ouverture de la campagne, conçurent aussitôt après la défaite de l'armée française... L'ATTENTE D'UNE MEILLEURE DESTINÉE !!!

Que dire de ces hommes et du parti qu'ils représentent ? Coquinerie ou stupidité, que nous importe ! il faut que leurs noms soient voués à l'exécration de la France, qu'elle les repousse avec indignation de ses Assemblées... car autrement, que la France le sache bien... ELLE EST PERDUE !!! Le général Trochu leur a donné un grand exemple... qu'ils le suivent tous... c'est le seul service qu'ils puissent rendre à leur pays... ne le sentent-ils donc pas ?... mais que sentent-ils ???

Je finissais ma triste protestation, lorsque l'organe le plus militant de l'Empire vient de jeter, il me semble, les bases de cette contre-fusion que je rêvais ; il a dit : « A aucun prix
« et sous aucun prétexte nous ne permettrons qu'on touche
« à l'unité italienne, que nous revendiquons comme une de nos
« plus glorieuses actions... jamais l'Empire ne tirera l'épée
« pour reprendre à l'Italie sa capitale.

« La solution de la question romaine ne dépend plus de la
« France seule, elle dépend surtout du temps et de Dieu. »

Il était impossible de répondre plus nettement à la fusion.

Car toute la question est là... plus nous avancerons, plus nous le verrons ! Et c'est par Dieu que doit venir la réforme. Dieu par qui vient tout ce qui est grand DEPUIS JÉSUS JUSQU'A NAPOLÉON !!

Le partie militante de la République, celle qui paraît avoir conservé l'énergie de ses pères, ne verra-t-elle pas là une avance? ne saura-t-elle pas y répondre? Cette avance a été faite cependant par celui qui était le mieux situé pour la faire... son sang venait de couler avec celui de son adversaire... et le sang en France n'a-t-il donc pas toujours passé pour laver les injures?? Unissons-nous donc, pendant qu'il en est temps encore, contre notre véritable ennemi qui s'avance ; joignons les ardeurs qui nous restent : « l'ardeur jacobine et l'ardeur Bonapartiste comme aux jours de vendémiaire, SAUVONS LA RÉVOLUTION FRANÇAISE ET LA PATRIE !!! Sachons nous rappeler les paroles du Grand Empereur qui disait : « J'ai voulu réunir « les éléments antipathiques en les amalgamant au lieu de les « extirper. » Et celles de Napoléon III : « Il faut guérir les « maux de la société et non les venger. »

Mais qui sera le chef de la revanche?... Que vous importe donc si c'est le fils de celui qui a su aller à Magenta et à Solférino !!

Emporté par l'ardeur de la lutte, chacun a pu dire de violentes paroles ! oui, sans doute ! Mais nous étions exaltés par les malheurs de la patrie !

Et puis l'organe bonapartiste dont je parle, qui tient la barrière, comme la tenait Bayart au pont du Garigliano, mérite bien aussi quelque indulgence, puisque, LUI AUSSI, vient de prononcer le mot saint : « Amnistie ! » J'ai lu : « Ne rendez « pas l'Empire nécessaire, indispensable, s'il doit coûter à « la patrie quelques larmes ou quelques gouttes de sang ! »

Je crois de mon devoir, puisque je m'adresse au suffrage universel, de lui signaler *les faits suivants*. *Les faits* ont bien leur mérite... en ce temps de moralistes sans moralité :

Avis aux pères de famille :

« Le sieur Bochaton (François), âgé de 33 ans, frère des écoles chrétiennes, en religion frère Vidal-Césaire, en dernier lieu résidant à Paray-le-Monial, a comparu aux assises de l'Ain, sous l'inculpation d'attentats à la pudeur, commis, tentés ou consommés à Saint-Rambert, Meximieux et Paray-le-Monial, sur 20 enfants âgés de moins de 13 ans, avec cette circonstance que Bochaton était l'instituteur de ces enfants.

« Crimes punis par les articles 331, 333 du Code pénal.

« La cour a décidé que les débats de cette affaire auraient lieu à huis-clos.

« Les charges dirigées contre l'accusé étaient si accablantes, que le ministère public, par respect pour la cour et pour les personnes présentes à l'audience, a considéré comme inutile de se faire l'organe de la société outragée ; il laissa la parole au défenseur, qui fit de généreux efforts pour obtenir en faveur de l'accusé le bénéfice des circonstances atténuantes.

« Le jury a rapporté un verdict affirmatif sur la culpabilité de Bochaton, et la cour a condamné celui-ci à dix années de travaux forcés. »

— On lit dans le *Travail*, journal de Seine-et-Marne :

« Le frère de la doctrine chrétienne dont les actes monstrueux soulèvent en ce moment la conscience publique est le frère Barbier, en religion frère Adonis (singulier nom et en rapport avec les habitudes du personnage), de l'école communale congréganiste située rue Saint-Barthélemy, à Melun, et il paraît qu'il n'est pas seul, et qu'une pareille conduite est de tradition dans l'ordre ; car un second mandat d'amener a été décerné contre un autre frère, le nommé I., qui a quitté l'établissement depuis quelques mois.

« Il est constant que ces deux religieux joignent au vice immonde dont nos malheureux enfants ont été victimes l'habitude de l'ivrognerie, et que c'est sous l'influence de l'alcoolisme qu'ils se livraient le plus souvent à des récréations innommées. »

— On lit dans la *République* de Montpellier :

« Les frères de la doctrine chrétienne sont, depuis environ un an, installés dans la ville de Cette (Hérault), et cela grâce à la haute protection du clergé.

« Cette ville essentiellement républicaine, n'était pas un milieu bien favorable à l'exploitation des robes noires. Aussi n'avaient-elles recruté qu'un bien petit nombre d'élèves.

« Ce qui vient de se passer n'est pas fait pour augmenter l'enthousiasme des parents. Un de ces chers frères vient d'être arrêté et écroué à la prison de Montpellier, pour s'être rendu coupable, sur la personne d'un de ses élèves, de faits si révoltants et si odieux, qu'il nous est impossible de les raconter. »

— La *République de la Corrèze* annonce qu'un prêtre, du nom de Jarras, vicaire de la commune de la Mazière-Basse, arrondissement d'Ussel, a été écroué à la prison d'Ussel, il y a quelques jours, sous l'accusation d'attentats à la pudeur sur la personne de jeunes enfants.

Rueil, 21 septembre 1873.

FIN.

Clichy. — Imprimerie PAUL DUPONT, rue du Bac-d'Asnières, 12.

OUVRAGES DU MÊME AUTEUR.

NATIONALITÉ ET RELIGION, 1868,

chez tous les Libraires.

NOS FRONTIÈRES MORALES ET POLITIQUES, 1872,

à la Librairie générale.

UN ÉLECTEUR A SON RETOUR DE CHISLEHURST, 1873,

à la Librairie générale.

Clichy. — Imprimerie Paul Dupont, 12, rue du Bac d'Asnières.

www.ingramcontent.com/pod-product-compliance
Lightning Source LLC
Chambersburg PA
CBHW052038270326
41931CB00012B/2544